12歳から始めるイライラしない技術

一般社団法人
日本アンガーマネジメント協会ファウンダー
安藤俊介

はじめに
「イライラ」と上手につき合うために

あなたにも、気持ちのいいときもあれば、なんだかイライラしたり、不安になったり、悲しかったり、気持ちがふさぎこんでしまうときがありますね。

どうせなら、毎日、気持ちがよければいいのにと思いますが、ずっと気持ちがいいままでいることはむずかしいです。

これはあなただけではなく、あなたの友だちも親も、まわりの大人たちもみんなそうです。みんな気持ちのいいときもあれば、そうでないときもあります。

私たち、人にはいろいろな気持ちがあります。うれしい、楽しい、満足といった気持ちのいいものばかりではなく、イライラする、悲しい、むしゃくしゃする、心配、落ちこんでいるといった、できれば感じたくないものもあります。

でも、それぞれの気持ちには、それぞれの役割《やくわり》があり、どれも大切で必要なものばかりです。

それらの気持ちは、これから先もずっと持ち続けます。

感じたくないから、いらないからといって、好きじゃない気持ちを捨てることはできません。どんな気持ちとも、一生つき合わなければなりません。

どうせ一生つき合わなければいけないのであれば、上手につき合いたいですよね。

どんな気持ちも、どこからともなくふってきて感じるもので、感じたらあとはどうすることもできないというものではありません。

気持ちは、理解《りかい》し、練習《れんしゅう》することで、上手につき合うことができるようになります。

練習して、上手につき合えるようになると、たとえ感じたくない気持ちになったとしても、その気持ちにふり回されることはなくなります。

たとえば、イライラにふり回されているとき、勉強にもスポーツにも集中できなくて、イヤになってしまいますよね。

イライラすることは、悪いことではありません。

大切なことは、イライラした後で、どうその気持ちと上手につき合えるかです。

何かがうまくいかなくて、落ちこんだときだってそうです。

落ちこむことも、悪いことではありません。でも、ずっと落ちこんでいたら何もできません。落ちこんでいる自分を理解し、そこからどうやって立ち直り、前に進むかにかかっています。

本書は気持ち、その中でもとくにつき合うことがむずかしいと思われている「怒り《いか》」と、どう上手につき合っていけばいいのかを書いた本です。

私が専門《せんもん》とし、この本の土台を成しているアンガーマネジメントは、1970年代にアメリカで生まれた「怒りの感情と上手につき合うための心理トレーニング」です。

「怒り」と言っても、声を上げたり、顔を赤くして怒《おこ》ったりするようなものばかりが「怒り」ではありません。

じつは「怒り」は、とてもはばが広い気持ちです。

「これも怒り?」と思うような気持ちも、本の中で説明をしています。

自分の気持ちを理解し、上手につき合うことは、練習すれば上達できます。上達するためには、早くから取り組むことにこしたことはありません。

自分の気持ちとつき合うための練習のいいところは、特別な場所も道具もいらないことです。

毎日生きているだけで、練習する場面がくり返しおとずれます。

さあ、今日から、自分の気持ちの理解と上手につき合う練習をはじめていきましょう。

自分のことがわかれば、毎日が今よりもずっと楽しくなりますよ。

保護者のみなさまへ

お子さんに習い事をさせている親御さんは多いでしょう。ある調査によれば、12歳の75％が1つから3つの習い事をしています。

学習塾、スイミング、英会話、ピアノ、習字、武道、プログラミング、ダンスなどたくさんありますが、なぜ習い事をさせるのかと言えば、基本的には習い事をすることが、将来のためになると考えているからだと思います。

習い事を通じて、社会性を学べたり、自信をつけたり、得意なことを見つけたりと、習い事に通うことには多くのメリットがあります。

私自身も、習字などは子どものころに習っておいてよかったなと思います。

いろいろな習い事に通わせることもよいことなのですが、ここではぜひ一度考えてほしいことがあります。

それは本書のテーマである、気持ち、なかでも怒りとのつき合い方です。

スマートフォン（スマホ）を例にとって考えましょう。

スマホを動かすためにインストールされているのがＯＳ（オペレーティングシステム）と呼ばれるものです。iPhone であれば iＯＳ、アンドロイドであればアンドロイドＯＳです。

そして、スマホを便利にするためにＳＮＳ、ゲーム、カメラ、メール、ＷＥＢブラウザといったさまざまなアプリケーション（アプリ）をインストールして使います。

私たちがスマホを使うとき、ＯＳがどうなっているかを意識することはほとんどありません。

気になるのは、アプリが快適に動くかです。

ただ、実際のところ、ＯＳが安定していなければ、どんなアプリを入れたところで満足には動いてくれません。

ＯＳが安定しているからこそ、各アプリが正しく動作するのです。

では、これを人に当てはめてみましょう。習い事はアプリです。そして気持ちはＯＳに当てはまります。

気持ちが安定していれば、勉強でもスポーツでも、その実力を思う存分発揮することができます。

逆に、気持ちが不安定なときは、実力を発揮することがむずかしくなります。

とくに、イライラしているとき、そのイライラにふり回されていれば、気が散って集中することなんてできません。

私たちが関心を向けてしまうのは、目に見えやすい、あるいは成果がわかりやすい勉強やスポーツなどの習い事です。

それはできているか、できていないかを見ることが容易だからです。


一方で、気持ちが安定している、していないといった問題は、なかなか目には見えにくいし、理解がむずかしいところがあります。

大切なことであるのはわかってはいるものの、つい後回しにしがちです。

自分の気持ちを理解すること、向き合うことは、勉強、スポーツだけに限らず、良好な人間関係を築く上で、あるいは大人になってから仕事をしていく上で、とても大切です。

習い事ももちろん大切ですが、自分の気持ちの理解や向き合い方にもぜひ目を向けていただければと思います。

そして、本書がそのヒントの一端になれば幸いです。

第1章 友だちにイライラしなくなる考え方

第2章 もう親や先生のことでムカムカしない！

第3章 将来《しょうらい》が不安なときは「心の声」を聞こう

第４章 自分にイライラしてもよくなる方法

第5章 自分の気持ちを理解《りかい》するのは何のため？

第1章

友だちにイライラしなくなる考え方

そもそも、どうしてイライラしちゃうの？

イライラするというのは、どういう気持ちのことでしょうか。

じつは、イライラは怒《いか》りの感情《かんじょう》に入ります。

イライラとは、軽く怒《おこ》っている状態《じょうたい》です。怒りは、イライラするという軽い怒りから、激怒《げきど》といった強い怒りまでをふくむ、とてもはばの広い感情なのです。

なので**「どうして他人にイライラしちゃうのか？」**は**「どうして他人に怒ってしまうのか？」と同じ意味**になります。

さらに言えば「どうして人は怒るのか？」になります。

どうして人は怒るのでしょうか。

だれも怒ることなんてしたくないし、怒っていいことなんて何もなさそうです。怒られて気持ちのいい人だっていません。こんな気持ちなんていらないし、いっそなくなってもいいのにと思います。

でも、怒りはとても大切な気持ちで、だれにもある自然な感情です。怒りをなくすことはできないし、取りのぞくこともできません。

人が怒りの感情を持つには、とても大切な理由があるのです。

怒りは「防衛感情《ぼうえいかんじょう》」ともよばれています。

防衛というからには、何かを守るためにあります。では何を守るかと言えば、大切なものです。

動物にも、怒りの感情はあると考えられています。動物にとって大切なものは命です。動物は、命を守るために怒ります。

ですから動物が怒るとき、それは自分の命に危害《きがい》を加えられそうなことを察知《さっち》して、怒ることで命を守ろうとします。

たとえば、ネコが怒るとき、どのような姿《すがた》になっているでしょうか。毛を逆立《さかだ》て、体を低くかまえ、目を大きくして相手をじっと見つめています。

毛を逆立てるのは、自分を大きく見せるためです。体を低くかまえるのは、すぐに飛びかかったり、逆に飛びのいたりするためです。目を大きく見開くのは、相手の動きをつぶさに観察するためです。

この毛を逆立てたり、目を見開いたり、体をすぐ闘《たたか》えるようにすることが、怒りの役割《やくわり》なのです。

怒りは感情ですが、別の言い方をすれば、脳《のう》から発せられる電気信号とも言えます。

何のための電気信号かと言えば、体をすぐ闘えるようにするための命令です。「目の前にある危険《きけん》に対してそなえよ！」と脳が命令をしているのです。

目の前に命をおびやかす危険がせまっているとき、のんびりとかまえていたら、あっという間にやられてしまいます。

そうならないためにも、かけがえのない命を守るためにも、すぐ闘えるようになり、闘うか、逃《に》げるかをしないといけないのです。

さて、あなたにとって大切なものは何でしょうか。動物と同じように、命は言うまでもありませんが、そのほかに何があるでしょうか。

私たち人間は社会的な動物なので、社会の中で大切にしているものがあります。それは考え方、価値観《かちかん》、立場、プライドといった個人の内面にあるものから、家族、友だちといった人間関係のつながりのあるものです。

大切にしているものは、意識《いしき》しているものもあれば、無意識のうちに大切に思っているものもあります。

こうした大切なものが、あぶない目にあうとき、言い方を変えれば、攻撃《こうげき》されたり、侵害《しんがい》されたりしそうになるとき、それを守るために人は怒るのです。

あなたがイライラするのは、それだけ大切なものがあるということ。

クラスの子たちと仲良くなりたい！

クラスのみんなと仲良くしよう、と先生から言われます。

でも実際《じっさい》のところは好きな子もいれば、そうでない子もいます。クラスのみんなと仲良くできるにこしたことはありませんが、なかなかそうはなりません。

これは大人になっても同じです。会社のみんなと仲良くできればいいのですが、人には好き嫌《きら》いがあるので、全員を好きになることはむずかしいです。

ですから、**みんなと仲良くすることは、ハードルが高いこと**なのです。

それでもクラスの子たちと、仲良くしたほうがいいのでしょうか。

答えは「イエス」、クラスの子たちと仲良くしたほうがいいです。

なぜならば、これからの人生、いつもまわりに自分の好きな人ばかりがいればいいのですが、現実《げんじつ》はそうはならないからです。

あなたが好きな人もいれば、あなたのことを好きな人もいる一方で、なかにはあなたのことが嫌いな人や、合わない人もいます。そして、そんな人たちとつき合わなければならない場面が、人生のどこかでやってきます。

そういう人たちと、仲良くはならないにしても、少なくとも敵対《てきたい》するようなことはさけたほうがいいです。

あなたがこれからの人生を生きていく上で、あなたのまわりにあなたに味方をしてくれる人をふやす方法を知っておくことは、とても大切です。

それは、あなたのことを好きになってもらうことと、必ずしも同じことではありません。

また、わざわざ好きになってもらう必要もありません。

ですが、あなたが身の回りに敵をつくらないことは必要なことです。

社会には、あなたと意見や考え方の合わない人、性格《せいかく》が合わない人がたくさんいます。それは、悪いことではありません。あなたと違《ちが》う人がいるから社会が成り立つからです。

もし、みんながあなたと考え方、価値観が一緒《いっしょ》だったら、あなたがやりたくないことと、興味《きょうみ》のないことはみんなもやりたくないし、興味もありません。

そうすると、社会にあるいろいろな問題が解決《かいけつ》できなくなります。

たとえば、あなたがスポーツ選手になりたいとして、社会にいるみんなも同じだった場合どうなるでしょうか。

みんなスポーツ以外に興味がないし、やりたくないのです。そうしたら、電車を動かす人もいなくなりますし、食品をつくる人もいなくなります。

そんなことになれば、スポーツをするどころか、そもそも生活ができなくなってしまいます。

今、社会は「多様性《たようせい》の時代」と言われています。

多様性の時代は、世の中にはいろいろな考え方、価値観の人がいて、それぞれの意見や選択《せんたく》を尊重《そんちょう》する考え方のことです。

それは言いかえれば、**あなたのとなりにあなたが理解《りかい》できない人、あなたとは合わない人がいたとしても、社会として上手につき合っていこうということ**です。

クラスの子たちと等しく仲良くする必要はありませんが、自分と違う人たちと上手につき合う方法を覚えておくことは、これからの人生を生きていく上でとても大切なことになるのです。

考え方、価値観の違う人とうまくつき合えることは、これからの人生でとても大切。

要領《ようりょう》がよくて、ずるい友だちにイライラする

要領《ようりょう》がよいと思っているということは、必要な努力もせず、もしくは自分よりも努力していないのに、自分よりもよい結果をえていると思っているのでしょう。そして、努力している自分よりも、よい結果をえられていることが「ずるい」と不満を感じています。

要領のよさは「タイパ」のよさとも言えそうです。

タイパとは「タイムパフォーマンス」の略《りゃく》で、一定の時間内でどれだけ効果《こうか》をあげられたかを指す言葉です。

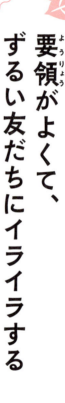

最近では、このタイパがよいことがのぞましいことと考える風潮《ふうちょう》もありますので、要領のよさに目が行きやすいのでしょう。

もし、あなたがそう感じたことがあるとしたら、自分のことを疑《うたが》ってほしいのです。何を疑うのかと言えば、それは自分が独《ひと》りよがりに考えていないかです。

自分を疑い、自分をふり返ることは「内省《ないせい》」や「リフレクション」とも言い、自分を理解する上でとても大切なことです。

自分を理解することができれば、自分が本当のところ何をのぞんでいるのかがわかりますし、逆にしたくないこと、やらないほうがいいことを理解して、それをさけることができるようにもなります。

あなたは、友だちのことを要領がよいと感じていますが、本当に相手は要領がよいのでしょうか。

あなたの目には、友だちは必要な努力をしていないように見えているかもしれませんが、友だちはあなたの見えないところで、あなた以上の努力をしているかもしれないのです。

これは、あなたはそう思っているが、事実は違うかもしれないことに気づくチャンスです。

あなたが思っていることと事実が違うことはよくあることです。なぜそのようなことが起きるかと言えば、それは人には思いこみがあるからです。

思いこみはだれにでもあります。思いこみには結果的によいものもあれば悪いものもあります。

たとえば、あなたが相手のことを友だちだと思いこんでいた場合、あなたは相手と気持ちよくつき合うことができます。仮に、相手はあなたのことを友だちとは思っていなかったとしてもです。

この場合、あなたの思いこみは人間関係にとって、結果的によい方向にはたらいていると言えます。

逆に、あなたが「相手から敵意を向けられている」と思いこんでいた場合、あなたは相手に対してよい感情を持たないので、あなたも相手に敵意を向けてしまうでしょう。すると、相手との関係はぎくしゃくしたものになります。

相手があなたのことを、嫌いでも何でもなかったとしてもです。

これは、あなたの思いこみが、人間関係にマイナスに影響《えいきょう》をあたえていると言えます。

思いこみはだれにでもあるものなので、そのこと自体は問題ではありません。ただし、その思いこみはプラスなものにもマイナスなものにもなります。

自分にはどのような思いこみがあるのか、その思いこみによってどのような影響があるのかを考えてみましょう。

独りよがりな思いこみをしていないか、自分を疑ってみよう。

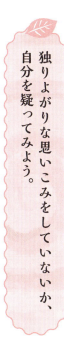

「めぐまれている友だち」がうらやましい

「めぐまれている」とは、何がめぐまれているのでしょうか。

家がお金持ち、家族旅行で海外に行っている、親に理解がある、背《せ》が高い、容姿《ようし》がいい、頭がいい、性格が明るい、センスがいい、人気があるなど、いろいろとあるでしょう。

そのように「めぐまれている友だち」を見ると、うらやましくも思いますが、どうして自分はめぐまれていないのかと、くやしい思いもします。

めぐまれていると感じるものには、自分が努力すれば手に入れられるもの、自分の力ではどうにもならないもの、そのあいだのものに分けることができます。

あなたが「めぐまれている」と感じるものは、この3つのうちどれを指しているのでしょうか。

自分が努力すれば手に入れることができるものとしては、学力、スポーツの成績など、努力をすることで、今よりも成績や能力《のうりょく》を上げることができるものです。努力したからと言って、必ずしも友だちと同レベルになるとか、目標を達成できるとはかぎらないのですが、それでもそこを目指して自分の力で進むことはできます。

自分の力ではどうにもならないものとしては、家がお金持ち、親に理解があるなど、持って生まれた環境によるものです。

家の環境は、自分の努力でどうこうできるものではありません。このことについて、いくらうらやましいと思ったとしても、何もできません。

変えることができるものについては、変えようと努力することができますが、**変えることができないものについては、どんなにがんばったところで変えることはできないので、そこにはこだわらないほうがよい**と言えます。

容姿がいい、性格がいいなどは、ある程度はもって生まれたものもありますが、その後の努力によって変えることができるものです。

世の中は公平であってほしいと思うものの、不公平なことがあるのが現実です。これから人生を生きていく上で、なんて不公平だと思うことはいくらでもあります。

でも、その場面でいちいち「不公平だ！」となげいたところで、人生はなかなかプラスの方向に進みません。

不公平を感じたとき、あなたには二つの選択肢《せんたくし》が用意されています。

一つは不公平を受け入れた上で、どうその場面を乗り切るか考え行動すること。

そしてもう一つは、不公平だと不満やグチを言ってやる気を失い何もしないか、適当《てきとう》にその場をごまかすことです。

言うまでもなく、前者の選択肢を選べるほうが、人生をゆたかなものにすることができます。

怒りの感情にとらわれる人、イライラに負ける人は、変えられないこと、不公平なことに不満ばかりを言います。**逆に、不公平を受け入れ、それを前提《ぜんてい》に考え行動できる人には、より多くのチャンスがめぐってきます。**

不公平だからと、あきらめることはありません。不公平は、あなたにいろいろな選択肢をもたらしてくれる大きなチャンスなのです。

人生に不公平はつきもの。不公平を前提に考え、行動しよう。

チームメイトがダメすぎて頭にくる

チームスポーツやブラスバンドのように、大人数でおこなうものは、あなた一人ではできません。団体競技《だんたいきょうぎ》をしたいなら、だれかと一緒にするしか方法はないのです。ほかのだれかはあなたではありませんし、あなたになることもできません。逆にあなたも、ほかのだれかではありませんし、だれかになることもできません。

仮に、あなたがチームメイトの代わりになれたとして、チームの全員があなたになったとしましょう。

はたして、それでうまくいくでしょうか。

あなたには得意《とくい》なこともあれば、不得意なこともあるでしょう。チーム全員があなたになれば、全員が同じところが不得意になってしまいます。

たとえば、野球のチームであれば、全員が強打者になったとします。そうすると、全員がホームランを狙いにいくことになるので、バントで走者を進めることや、選球眼《せんきゅうがん》をみがいてフォアボールで進塁《しんるい》することをだれもしません。

すると、チームとして調子がいいときはいいのですが、悪いときはまったくかみ合わないチームとなってしまいます。

チームには、得意なことと不得意なこと、それぞれことなっている人たちがいます。

そして、おたがいの得意なところを生かし合い、不得意なところをおぎない合うことで、チームを成り立たせています。

「何を当たり前のことを言っているのだろう？」と思うかもしれませんね。

ですが、その当たり前の大前提をわすれてしまっているから、チームメイトがダメすぎて頭にくると感じてしまっているのです。

だれかに不満を持つとき「なぜできないのだろう？」と考えていませんか。

「なぜ？」と考えるのは原因《げんいん》を考えています。

問題があるとき、原因を考えるのはふつうのことのように思えますが、必ずしも原因を考える必要はありません。

むしろ、原因を考えることで怒りが大きくなることもあります。

チームメイトに頭にきたとき、「なぜできないか？」ではなく「どうすればできるようになるか？」と、見方を変えてみてください。

また、**不得意なところに目を向けるのではなく、その人が得意なところは何か、できているところはどこかを考えて**みましょう。

じつは、問題を解決したいとき、原因を考えなくても解決することができます。それは解決策《さく》を見つけることです。原因を見つけて改善《かいぜん》することと、解決策を見つけて、それに取り組むことは違います。

たとえば、サッカーを考えてみましょう。チームメイトがあせってミスをくり返していたとします。

なぜあせるかと言えば、過去《かこ》の失敗の経験《けいけん》からでした。またミスしたらどうしようと思えば思うほど、あせってしまうのです。

原因は「あせり」とわかりました。

さて、どうすればこの原因を解決することができるでしょうか。

「あせり」は過去の経験からきているので、過去の経験をなくせばいいのですが、それはもうできません。つまり「あせり」の原因は、どうやっても取りのぞくことはできないのです。

原因を取りのぞくよりも、次からどうすればよくなるかに目を向けましょう。

過去の失敗体験ではなく、未来の成功イメージを持てるようになったほうが、じつは解決への近道かもしれないのです。

「なぜできない？」ではなく「どうすればできるようになる？」と考えてみよう。

仲が悪いほどではないけど、話が合わない人がいる

友だちとの関係には、いろいろなタイプのものがあります。

仲がとてもよくて、おたがいのことをよく理解し合っているもの。仲がよくて、いつもべったりと一緒にいるもの。仲がよいけど、いつもは一緒にいないもの。昔は仲がよかったけど、今はそうでもないもの。逆に、昔はそれほどでもなかったのに、いつの間にか今はすごく仲がよいもの……。

どの関係がよくて、どの関係が悪いわけではありません。単純《たんじゅん》に、友だち関係にかぎらず、**人間関係にはいろいろな距離感《きょりかん》があるの**です。

仲が悪いわけではないけど、話が合わない人がいたとしても不思議ではありません し、問題でもありません。

むしろ、話が合わないのに仲が悪くないのは、人間関係でとてもよいことです。なぜなら、話が合わない人とは仲良くなれない人が多いからです。話が合わないけれど仲は悪くないのは、あなたがとてもよい距離感で人と接することができている証拠《しょうこ》です。

話が合わない、考え方が違う、価値観が違う人に対して、否定的《ひていてき》になったり、どうかすると攻撃の対象《たいしょう》にしたりしてしまいます。

あなたが話の合わない人に対して、否定的にならないことや、攻撃的にならないことは、自分とは違う人を受け入れることができている証拠です。

これからあなたは、とても多くの人と会います。これまで会ってきた人よりも、もっとずっと多くの人と会い、話をしたり、仕事をしたり、何かを一緒にすることになるでしょう。

そこでは、あなたと話が合う人ばかりではありません。

むしろ、あなたと話が合う人に会うことのほうが少ないかもしれません。

自分と考え方、価値観が違ったとしても気にならないことや、いろいろな人がいていいと思えることは、これからの社会を生きていく上で、とても大切です。

社会は、多様性を受け入れようと動いています。多様性とは、いろいろな考え方の人、立場の人がいるけど、それぞれを尊重しようというものです。

そこにあるのは、自分とは考え方の違う人がいたとしても、そういう人たちと上手につき合うことが、社会の発展《はってん》のためになると考えることです。

日本人は、多様性を受け入れることが苦手とも言われます。

これまで日本人は、みんな似《に》たような考え方でいることが大事と思っていました。同じ考え方ができる人で集まり、そうでない人は仲間はずれにしたり、あの人は違うからと距離を置いたりしました。社会の大勢の人たちと考え方が違うことは望ましいことではなく、同じでいなさいという圧力《あつりょく》が知らず知らずのうちにかけられました。

話が合わない人とも適切《てきせつ》な距離感で人間関係をつくれることは、進んだ考え方の持ち主であり、ほこれることです。多くの人は、話が合わない人と仲良くなれずに苦労をしています。

もしあなたがそうであるならば、自分に自信を持ちましょう。そのような考え方は、これから生きていく上で、あなたの人生にとてもプラスに働くでしょう。

多様性を受け入れられているあなたは、とてもすばらしい。

#「悪い遊び」にさそわれてモヤモヤする

人は、仲間には仲間意識を高めてほしいと思います。仲間意識が高いからこそ、他人ではなく仲間だということもできます。

仲間意識を高めるためにできることはいろいろとあるのですが、悪いことを一緒にやって「共犯《きょうはん》意識」を共有するのも、一つの方法と考える人がいます。

じつは大人になっても、この方法を使っている人たちがいます。

なぜ、共犯意識を持つことが、仲間意識を高めることになるのでしょうか。

それは、おたがいにその悪いことを、ほかのだれかにしゃべらないという同じ気持ち、意識を持つことになるからです。

仲間とは、同じ気持ち、意識を持っている人たちの集まりです。

もちろん、前向きな気持ち、意識を共有することが望ましい仲間意識なのですが、マイナスな気持ち、意識を共有することでも仲間意識を高めることができます。

本来、仲間は、信頼関係《しんらい》の上に成り立つものですが、脅迫関係《きょうはく》の上にも成り立ってしまうのです。まさに犯罪組織《はんざいそしき》などは、このマイナスな気持ち、意識を共有する方法を使っています。

「お前が悪事をばらしたら、こちらもお前の悪事をバラすぞ」という脅《おど》しです。

これが共犯意識であり、共犯意識を持たせることで、おたがいに仲間、組織を抜《ぬ》けづらくします。

本人がイヤだと思ったとしても、自分の悪事をばらされると思えば、その仲間から抜けづらくなります。抜けづらいので、そこにとどまるしかありません。

また、悪いことをさそってくる相手は、あなたのことを自分の思うとおりにコントロールしたいと思っています。

あなたが悪いことを一緒にしてくれれば、バラすという脅しができるようになるので、その力を使えば、あなたをいいようにコントロールできることを知っているのです。

悪い遊びにさそってくるような人は、友だちでも仲間でもありません。

あなたが欲しい仲間とは、おたがいに悪事をバラすぞという関係でしょうか。そんな脅しの上に成り立つ仲間を欲しいと思っているのでしょうか。

違いますよね。そうは思っていないから「悪い遊び」にさそわれてモヤモヤしているのです。

あなたが一緒にいたい友だち、仲間とはどのような人のことでしょうか。そのことを考えてみましょう。

もし、あなたが一緒にいたいかもと思う相手がいたとして、相手があなたに悪いことをさそってくるようであれば、その人はあなたのことを大切には思っていません。むしろ、あなたを思いどおりに動かしたいと、ひそかに思っているのです。

あなたのことを大切に思ってくれる友だち、仲間は、決してあなたに悪いことをすすめません。そんなことをすれば、あなたのためにならないと思っていることがわかっているからです。

あなたは、あなたのことを大切に思ってくれる人とつき合ってください。一番の判断《はんだん》基準《きじゅん》は、相手があなたをコントロールしようとしているかどうかです。

もしかすると、あなたは心のどこかで、悪いことをすることがカッコいいと思っているかもしれません。でも、そう思うのは今だけです。

なぜ多くの大人が、悪いことに反対するのかと言えば、みんな知っているからです。子どものころにカッコいいと思えた悪いことは、あとから考えると顔から火が出るほどはずかしいことになっていることを。

あなたはあなたを大切に思ってくれる人とだけつき合おう。

SNSがめんどうくさい

TikTok《ティックトック》、LINE《ライン》、YouTube《ユーチューブ》、BeReal《ビーリアル》、X（旧Twitter《ツイッター》）など、今はいろいろなSNSがあり、SNSをやっていない人をさがすほうが大変です。

とくに、10代～20代の人たちの利用率は90％以上となっているので、ほぼ全員が何かしらのSNSを利用しています。

とは言え、SNSをしているみんなが、SNSが大好きなわけではありません。なかには、SNSをすることが、もはや義務《ぎむ》のように感じていて、仕方なくしている人もいるでしょう。

ちなみに、大人も意外とSNSを利用しています。

総務省の「令和3年 通信利用動向調査」では、ＳＮＳの利用は30代～40代で80％以上、50代～60代でも70％を超えています。

あなたのお父さん、お母さん、場合によってはおじいちゃん、おばあちゃんもＳＮＳを利用している可能性《かのうせい》が高いのです。

あなたがＳＮＳをする理由はなんでしょうか。なんとなくですか。友だちみんながやっているからでしょうか。

ほかにも、仲間外れになりたくないから、話題についていきたいから、単純に有名人を追いかけたいからなど、ＳＮＳをする理由はいろいろとあげられます。

じつはあらゆる調査で、ＳＮＳは人を幸せにしないことがわかっています。ですが、ここでは「ＳＮＳはダメなものだからやめよう。それができないなら少し距離を置こう」とは言いません。

ＳＮＳをやめることや距離を置くことが、あなたにとってとてもむずかしいものだということはわかります。

ただその一方で、なぜ自分がＳＮＳをするのか、その本当の理由も考えてほしいのです。

また、ＳＮＳを本当のところ、どれくらいしたいのか、逆にやめたいのか。さらに、ＳＮＳをすることで、自分がどれだけ幸せになっているのかも考えてみてください。

ちなみに私も、以前はＳＮＳをとてもよくやっていました。

それこそ、スマホを一日中持ち歩き、だれかと一緒にいたとしても、つねにＳＮＳをチェックして、投稿《とうこう》し、コメントしていました。

そのときは、自分が何かをしたいよりも、ＳＮＳに投稿したいから何かをするような状態でした。極端《きょくたん》な話、ＳＮＳに投稿しないのであれば、何もする必要がないし、別にしなくていいとさえ思っていたのです。

これでは、いったい何のために生きているのかよくわかりません。

ＳＮＳは単なる道具でしかありません。その道具を使うために、人生がふり回されていたのです。こんなにバカバカしいことはありません。

その後、基本的にはSNSをやめました。結果わかったことは、SNSがなくても、友だちづき合いはまったく変わらないことです。

SNSに時間をとられないので、本当に好きなことに使う時間が増えました。

さらに、SNSのために何かしなければいけないということや、ほかのだれかをうらやむようなことがなくなり、心が健康になりました。

SNSがこれから先なくなることはないでしょう。

であれば、どのようにSNSとつき合うのか、自分で決めておきましょう。**SNSをやらなくても、人生は大して変わらないというのが私の体験です。**

あなたも私と同じ体験をしてほしいとは思いませんが、SNSにふり回されるような人生は、あなたにとって幸せなものではありません。

SNSは道具でしかない。道具にふり回されたら意味がない。

仲間外れにされて、とっても悲しい……

この章でも書いたように「人は自分と考え方が違う人を嫌ったり、攻撃の対象にしたりする」ことがよくあります。

あなたが相手を「自分とは違うけど別にいい、自分と違ってふつう」と思っていたとしても、相手はそうは思わないこともあります。

長い人生を思えば、自分と考え方、立場の違う人を受け入れられるほうが大きなプラスになります。

なぜなら、人生で出会う人の多くは、自分とは違う人ばかりだからです。

でも、ほとんどの人は、自分と違う人をなかなか受け入れることができません。

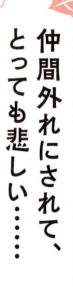

仲間外れということは、相手は何人かいると思います。ただし、その全員が、あなたのことを仲間外れにしたいと思っているわけではありません。

人は「同調圧力《どうちょうあつりょく》」に弱いものです。同調圧力とは、まわりから「みんなと同じでいなさい」という、見えない力をかけられることです。

なぜ世の中には同調圧力があるのでしょうか。

それは、自分と違う人を嫌う人が多いからです。自分と違う人は理解できない人、嫌いな人と思いこんでいる人が多いので、人はみんなと違うことをとても嫌がります。

社会を生きていく上で、みんなと協力することはとても大事なことですが、それはみんなと同じになることではありません。自分なりの考え方や、自分が大切にしたいことを守りながらだって、みんなと仲良く協力することはできます。

もちろん、意見が違って衝突《しょうとつ》することもあるでしょう。

でも、物事がよりよくなるための衝突であれば、さけるよりも、むしろぶつかったほうが結果的にはよいものになります。

何でもかんでも、みんなと一緒でなければならないなんて思ったら、あなたはあなたの人生を生きられなくなってしまいます。

あなたはだれかと同じになるために生きているのではなく、あなたが望む人生を歩むために生きているのです。

仲間外れにされていると感じたら、悲しいし、くやしいし、頭にもきます。

でも、だからといって「自分が間違《まちが》っている」「相手に合わせなければいけない」なんて考えないでください。

あなたが何も悪くなかったとしても、あなたが納得《なっとく》できないことは、人生には起こるものです。

また、同調圧力によって、いやいやあなたのことを仲間外れにしている人もいることもわすれないでください。その人は、みんなと同じでなければ自分がいじめられる、仲間はずれにされると、とてもこわがっている人です。

そうなるのはこわいから、別にあなたのことを嫌いでなかったとしても、あなたに対して残酷《ざんこく》な態度《たいど》を見せるようになっているのです。

この人のことは、仕方がないとゆるしてあげましょう。

あなたは「なんで自分にひどいことをしている人を、ゆるさなければいけないのか」と不満に思うかもしれません。それは、同調圧力に負けて自分の言いたいことを言えない人も、じつは苦しい思いをしているからです。

仲間外れにされていると感じているあなたもつらいですが、あなたにつらい思いをさせている人も、じつはつらいのです。

つらい思いをしている人が、ほかのだれかにつらい思いをさせる悪循環《あくじゅんかん》が生まれています。

あなたのところで、その悪循環を止めることを考えてみましょう。

あなたはあなたのままでＯＫ。同調圧力に負けない自分になろう。

先輩《せんぱい》が「イヤなこと」をおしつけてくる

先輩《せんぱい》にかぎらず、だれかがあなたにイヤなことをおしつけてきたら、いい気持ちはしません。できることなら、イヤなことは「イヤです」と断《ことわ》りたいですよね。

さて、ここで問題です。あなたは、だれかからイヤなことをおしつけられたとして、だれに対しても断ることができないのでしょうか。それとも、特定のだれかであれば断ることができるのでしょうか。

あなたが、先輩や特定のだれかにはイヤと言うことができないけど、友だちや親など、イヤと言いやすい人には言えるのか、それともだれに対してもイヤと言うことができないのか。どちらかによって、考えなければいけないことは変わります。

なぜなら、相手が言いやすい相手だとしても、だれかにイヤと言えるのであれば、その言える範囲《はんい》を少し広げればすむからです。

逆に、だれに対してもイヤと言えないようであれば、ゼロからイヤと言えるようになることを覚えないといけません。

いずれにしても、**イヤなことはイヤと言えることや、おしつけられたことを断れるようになることが、これからの人生を生きていく上でとても大切**です。

あなたが、イヤなことをイヤと言えないと、相手はあなたがイヤとは思っていない、あるいは、イヤなことをおしつけても大丈夫《だいじょうぶ》な相手と、ずっと勘違《かんちが》いします。ですから、あなたがイヤと断らないかぎり、この先もずっとイヤなことをおしつけてきます。

それでは、どうすれば、イヤなことを断ることができるようになるでしょうか。

まずは、少しでもイヤと言える人から考えてみましょう。あなたはだれに対して、どういうときならイヤと言えるのでしょうか。

イヤと言えるときのことを思い出してください。言いにくいけれどイヤと言えているのでしょうか。それとも、強い気持ちでイヤと言えているのでしょうか。

イヤと言えたときのことを思い出しておくことは、次にイヤと言わなければいけない場面がやってきたときに大切です。なぜなら、そのときのことを思い出して、同じように言うことができないか試すことができるからです。

次に、まったくだれに対してもイヤと言えない人の場合です。こういう場合、まずは小さなこと、断りやすいことから断る練習《れんしゅう》をしていきましょう。

いきなり全部を断ろうとするとハードルが上がってしまい、そんなことできない、無理だという気持ちになってしまうからです。

　ここでのポイントは、できそうなちょっとしたこと、小さなイヤなことから始めることです。本当にイヤと言いたいことが本番の試合だとすれば、その本番に備《そな》えた練習のようなものだと思ってください。

試合に備えるために、ふだんから練習することは当然の準備《じゅんび》です。

　いきなり本番の試合でよい結果を出そうとしても、プレッシャーがかかってよい結果を出せないことがよくあります。そこで、イヤと言えそうな小さなことを練習だと思って、くり返し試してみましょう。

　最初は、練習もうまくいかないこともあるでしょう。でも、練習はうまくなるためにするものですから、うまくいかなくても気にする必要はありません。

　もっとも大事なことは、練習をくり返すことなのです。

小さなこと、できることから断る練習をしよう。

年下が生意気で気に入らない！

生意気って何でしょうか。

あなたが思う生意気な言動って、どのようなものでしょうか。

生意気を辞書で引いてみると「自分の年齢や能力を考えず、出すぎた言動をすること」とあります。

生意気とは、基本的には、後輩《こうはい》、弟、妹といった自分よりも年下の人に感じるものです。

自分よりも目上の先輩、親、先生などに対して生意気とは言いません。

あなたがだれかを生意気だと感じるのは、あなたに生意気を感じる対象となる年下ができたということです。

これはあなたが成長していることでもあるので、年下に生意気だと感じるまでに成長したことは、よろこばしいこととも言えます。

ただ、あなたが年下を生意気と感じることを、生意気だと感じる先輩や年上の人がいたとしても不思議ではありません。

あなたが年下を生意気と感じるように、年上はあなたのことを生意気と感じ、その年上の人も以前はさらに年上の人から生意気だと言われていました。

このように、年上の人はいつも年下に対して生意気と感じています。

ではなぜ、自分の年齢《ねんれい》や能力を考えずに、出すぎた言動をしてはいけないのでしょうか。

それは、日本の社会に「家父長制《かふちょうせい》」が色濃く残っているからと考えられます。

家父長制とは、一家の長である家長（男性）が、家族の人たちに対して、絶対的《ぜったいてき》な支《し》配権《はいけん》を持つ家族制度のことです。

簡単に言ってしまえば、年長者がほかの人よりえらいという考え方です。年長者の威厳《いげん》を保ち、支配するためにも、年下は素直《すなお》に言うことを聞かなければいけないのです。

ですから、年下の人間が何かを言うことは、年長者に対する反抗《はんこう》ととらえられ、生意気と見られてしまうのです。

この家父長制は、会社の「年功序列制度《ねんこうじょれつせいど》」にも大きな影響をあたえました。年功序列制度とは、会社に長く働いている人が、地位もお給料も高くなる仕組みのことです。

変な話に聞こえるかもしれませんが、その制度の中では実力よりも、その会社に長くいることのほうが重要視《じゅうようし》されてきたのです。

ただ、今の日本社会は、この家父長制や年功序列制度が、じょじょにうすくなってきています。**言いかえるなら、年長者が無条件《むじょうけん》にえらいという社会ではなくなってきつつあります。**

誤解《ごかい》してほしくないのは、年長者をうやまわなくていいということではありません。年長者には敬意《けいい》をはらいつつも、だからといって、言いたいことも言わずにしたがわなければいけないわけではありません。

あなたが年下に生意気だと感じることは、成長のあかしで、よろこばしいことである反面、年上だから自分のほうがえらい、年下の意見は聞かなくていいと思ってしまうようであれば、それは問題です。

あなたが年長者に対して言いたいことがあるように、年下もあなたに対して言いたいことがあります。

年下の意見や考え方を尊重できるようになること、年下を見下さないことが、あなたが本当の意味で成長していると言えます。

年下を尊重できるようになるのは大きな成長のあかし。

第2章

もう親や先生のことでムカムカしない！

自分のことをわかってくれない！

親、先生など、大人が自分のことをわかってくれないというのは、思春期《ししゅんき》の永遠《えいえん》のテーマと言えるかもしれません。

私も小中学生くらいのころ、なんで自分のことをわかってくれないのだろうと、随分《ずいぶん》と不満を持っていました。

大人があなたのことをわかることができない一番の理由は、じつはあなたが大人とよく話をしていないからです。

あなたはこれまでよりも、自分のことを親や先生に話さなくなっているのではないでしょうか。

勉強のこと、スポーツのこと、好きな子のこと、なやみなど、前は気軽に親や先生に相談していたのに、今ははずかしさもあるし、大人をうっとうしく思う気持ちもあって、話をしなくなっているのではないでしょうか。

自分の考えていること、好きなこと、嫌《きら》いなこと、つらいこと、悲しいこと、頭にくること、何を楽しみに思っているのか、何がしたいのか、あるいはしたくないのかなどを、だれかに包《つつ》み隠《かく》さず話すことを「自己開示《じこかいじ》」と言います。

自己開示することは、だれかに理解《りかい》してもらうためにはとても大切なことです。その一方で、自己開示することに抵抗《ていこう》を感じる人も多いです。自分をさらけ出すことは、とても勇気のいることだからです。

なぜ、自分のことを包み隠さず話すことが勇気のいることかと言えば、自己開示することは自分の弱点を相手に教えることにもなるからです。

人は自分の弱点を、だれかに言いたくはありません。弱点を教えてしまったことで、そこを攻撃《こうげき》されたらひとたまりもないからです。

そのため、信頼《しんらい》していない人や、この人なら話をしても大丈夫《だいじょうぶ》と思えない相手には、なかなか自分のことを積極的に話すことができません。

でも、こう考えてほしいのです。

あなたが自分について話すことで、相手も相手のことを話してくれます。おたがいに自分を包み隠さず話せるようになることで、おたがいに信じることができ、この人なら一緒《いっしょ》にいても大丈夫と思えるようになります。

あなたの長所、強い部分だけを話しても、自己開示にはなりません。

弱い部分もふくめて、あなたのことを全部話すことで、はじめて本当のあなたを理解してもらえるのです。

親や先生も、あなたのことを理解したいと強く思っています。理解するために、あなたともっと話がしたいと思っています。

あなたのまわりにいる大人を、もっと信頼しましょう。あなたのことを不幸にしたいなんて、だれも思っていません。

いきなり全部を話すのはむずかしいでしょう。

今まで、１日の中であいさつくらいしか会話がなかったのであれば、少しだけ時間をのばして、３分くらい話すようにしましょう。

内容は、自分の気持ちや、なやみを話すのがむずかしければ、その日あった出来事を話すことから始めてもＯＫです。だれと会った、こんな会話があった、どこに行ったなど、単純《たんじゅん》に起きたことです。それでも十分です。

あなたが自分から自分のことを積極的に話し始めたとき、まわりの大人は今よりももっと、あなたのことを理解してくれるようになります。

わかってもらえないのは、自己開示が足りていないから。

なぜ好きなことをさせてくれないの?

あなたには、好きなことがあって、それをしたい気持ちがあります。

その一方で、親はあなたにしてほしくないことがあります。

あなたの親は、あなたがそれを好きなことがわかっていたとしても、それでもしてほしくないと考えているのです。

どうして、そんなすれ違《ちが》いが起きてしまうのでしょうか。

その一番の理由は、あなたが好きなこと、したいことが、大人にとっては目新しくて、よくわからないからです。

よくわからないものは不安に感じます。不安だから、何が起こるのかわからないので、あなたにやってほしくないのです。

たとえば、昔はプロスポーツと言えば、サッカー、野球、ゴルフくらいのものでした。今では多くのスポーツでプロが生まれています。

ただし、プロサッカーは、今の子どもたちにとっては当たり前にある職業《しょくぎょう》ですが、私が子どものころの日本には、サッカーにプロリーグはありませんでした。

日本にサッカーのプロリーグ（Ｊリーグ）ができたのは、私が大学生のときです。ですから、私と同年代で子どものころにサッカーをしていた人は、将来《しょうらい》はＪリーグに行ってプロになるとは思わずにサッカーをしていたのです。

今は、大人からすれば「それはスポーツなのか？」と思えるようなダンス、ｅスポーツといったものでもプロが誕生《たんじょう》しています。

大人にとっては、新しいスポーツがいったい何なのか、プロを目指すとして、どういう道順をたどればいいのか、もしプロになれたとしても本当にそれで生活できるのか……といったことがわからないのです。

あなたにとって好きなこと、したいことは、夢《ゆめ》とよべるものですが、大人にとってそれは夢ではなく、現実的にはどうなのかと考えるものなのです。

たとえば、少し前まで、小学生のなりたい職業ランキングの上位にYouTuber《ユーチューバー》が入っていました。

でも、今の大人が子どものころには、YouTubeはありませんでした。なので、大人はYouTubeを仕事にすることを理解するのが、感覚的にむずかしいのです。

eスポーツも、大人にとってはただのゲームとの区別がつきません。

今の大人も、子どものころはゲームをしていましたが、どこの家庭でも親からは「ゲームなんてしてないで宿題しなさい！」と怒《おこ》られるのがふつうなことでした。

ゲームが大好きだった当時の子どもは、ずっとゲームができればいいのにと思っていました。私が子どものころ、ゲームといえば「ファミコン」でしたが、友だち、弟たちと一緒に夢中《むちゅう》になって遊んでいました。

でも、それがプロとして職業になる時代が来るなんて、夢にも思っていませんでした。

あなたにしてみれば「なんでこんな当たり前のこと、みんながふつうに思っていることが理解できないのか？」と疑問《ぎもん》に思うかもしれません。ただ、あなたの身の回りにある当たり前は、大人にとっては当たり前ではないのです。

このように、世代のあいだで理解し合うのがむずかしいことを「世代間ギャップ」とよびます。

親と子のあいだには、だいたい30年前後のギャップがあります。30年のギャップをうめることは、そんなに簡単《かんたん》ではないのです。

これはあなたが悪いわけでも、大人が悪いわけでもありません。学校でも職場でも、それ以外でも、いろいろな場所で世代間ギャップはあるのです。

あなたが好きなこと、したいことは、大人にとっては理解がむずかしい。

勉強なんて何の役に立つのかわからない

これも、子どものころによく思うことですね。私も同じように思っていました。

国語なんて日本語がしゃべれるのだから必要ないし、算数だって電卓《でんたく》があるから自分の頭でいちいち計算しなくていいし、理科なんてふつうの生活をしていたらまったく関係ないし、英語だってＡＩが翻訳《ほんやく》してくれる……。

そもそも、勉強は得意《とくい》じゃないし、楽しくもないし、成績《せいせき》だってよくない。勉強よりもスマホをうまく使えるようになったほうが、よほど役に立つはずといった具合です。

私が子どものころは、スマホもＡＩもありませんでしたが、なんでふだんの生活に関係のないような勉強をしなければいけないのか、まったくわかりませんでした。

結論から言えば、勉強はしたほうがいいです。成績の良《よ》し悪《あ》しは関係なく、勉強する行為《こうい》をやったほうがいいのです。

勉強をすることは、何かを暗記することばかりではありません。問題を解《と》いたり、課題を解決《かいけつ》したりするためにいろいろと考えることです。

大人になったとき、暗記をする能力《のうりょく》はあまり重要ではなくなるでしょう。

でも、問題を解いたり、課題を解決したりするために、あれこれ工夫することは必要になります。なぜなら、大人になる途中《とちゅう》でも大人になったときでも、いつも何かを解決しなければいけないからです。

仕事では、解決しなければいけない問題に当たることなんて、しょっちゅうあります。仕事をすることは、何かの問題を解くことのくり返しとも言えるのです。

たとえば、お客さんが不便に感じていることがあるとします。その不便さを解決するために考えるのは仕事の一つです。

不便さを解決するためには、何が問題なのか、どうすれば解決できるのかを考え、取り組むことです。

学校でする勉強と違って、決まった答えはありません。

決まった答えのない問題を解くために必要なことは、これが答えかもしれないと想像《そうぞう》して、その答えにたどり着くように道順を考えて、挑戦《ちょうせん》することです。

学校の勉強も、じつは同じことです。

これが答えかもしれないと考えて、その答えに向かっていくのが勉強です。

学校の勉強は答えがあるので、まだいいです。答え合わせができるのですから。

でも、世の中の問題の多くは、正しい答えもなければ、答え合わせもできないことがいっぱいあります。

生きていれば必ず何かしらの問題が出てきます。

問題を解決することが苦手だと、答えのない問題なんてむずかしすぎて、考えることもイヤになってしまうでしょう。

すると、あなたの目の前には問題だけが残り、それが積み重なっていってしまうのです。

「塵《ちり》も積もれば山となる」とは言いますが、小さな問題であったとしても、それが目の前に高く積み上げられ、壁《かべ》のようにそびえ立ってしまっては、あなたは前に進むことができなくなります。

あなたがあなたの人生を前に進めるためにも、人生の問題を解決するための手段《しゅだん》として、勉強は必要なのです。

勉強は必要。勉強とは問題を解決するための手段。

不満がたまっている……どう解決すればいい？

あなたは、いろいろなことに不満があると思います。

よく聞くのは、親や先生の言っていることが、毎回ころころ変わる不満です。じつは大人も、こういう不満を抱えている人はたくさんいます。

たしかに、いつも言っていることが同じ人は一貫《いっかん》していて、とても誠実《せいじつ》で信頼が置けそうです。

でも、いつも同じことを言えないのが人間です。

意見に一貫性を持たせることは、じつはとても難しいのです。

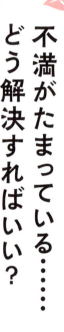

ただ、不満を持つことは、じつはとてもよいことです。
なぜなら、不満があるなら、その不満を解消《かいしょう》するために改善《かいぜん》しようと努力するからです。

先ほどの例で言えば、言っていることが、そのたびに違うだれかに対して、毎回同じことを言うように求めたり、話し合いをして、言うことをコロコロ変えないようにしてもらおうとしたりします。

あなたの不満は、何かをよりよくするためのきっかけになるのです。
おかしなことに気づき、そのことに不満を感じ、それをどうにかよくしたいと思うことは、とても前向きなことです。

自分の不満だけではなく、だれかの不満、もっと大きく言えば社会の不満を解決しようとすることは、世の中全体にとってとてもプラスなことです。
だれも何も不満を感じなくなったら、社会は動かずに止まってしまうでしょう。政治や社会運動などは、世の中にある不満を解決するための活動とも言えます。

その反面、ただ不満を感じるだけで、とくにその不満を解消しようとか、よりよくしようと努力をしないのであれば、その不満は感じるだけムダと言っても過言《かごん》ではありません。

あなたは、言うことが毎回違う相手に対して、どこまで解決したいと思っているでしょうか。思っているだけではなく、どれくらいの行動をしているでしょうか。

相手に対して今よりもよくなるよう求めているでしょうか。

不満を言うだけなら、とても簡単です。何も変える気もないのに不満を言うのは楽なことです。

一方で、何かを変えようと行動を起こすことは大変です。

行動を起こしたとしても、望むような結果が得られないこともありますし、行動を起こすことで人と衝突《しょうとつ》することや、面倒《めんどう》なことに立ち向かわなければいけないことも出てきます。

それでも、**一つたしかにわかっていることは、行動しなければ何も変わらないということ**です。

あなたが不満に思うことは、あなたが変えられることでしょうか。それとも、変えることができないものでしょうか。

そして、それはあなたにとって、大切なものでしょうか。それとも、大して大事ではないでしょうか。

もし、その不満があなたにとって大切で、あなたががんばれば変えられることであるならば、不満を解決するためにも、少しずつでも努力をしてみましょう。

不満を不満のまま放っておいて、よいことは何もないのですから。

不満を言うのは自由。でも、不満を言っているだけでは何も変わらない。

先生の話が長すぎてイライラしちゃう

世の中には、話の長い人もいれば短い人もいます。

どちらのほうがいいとか悪いとかではなく、単純に世の中にはいろいろなタイプの人がいるのです。

話が長い人の特徴《とくちょう》は、ていねいに話そうとする、わかりやすくするためにたとえ話を使う、伝えたいことがたくさんある、考えがまとまっていないうちに話す、といったことがあげられます。

一方で話の短い人は、1を話せば相手は10理解するだろうと考えています。そのため、余計《よけい》なことは言わず、要点だけを伝えます。

せっかちなところもあるので、相手に早く理解してもらいたいと思っています。相手が自分の言っていることを早く理解してくれないと、そのことにもイライラしてしまいます。

先生は、クラス全員に、話を理解してもらわないといけないと考えています。しかし、クラスには、理解の早い人もいれば遅《おそ》い人もいます。

その全員に理解してもらうためには、ていねいに、時にはたとえ話を使いながら、みんなが理解できるように話そうとします。

しかし、そうすると、話はどうしても長くなります。

あなたは理解が早く、話が短いタイプの人なのだと思います。

だから、話の長い人を見ると「もっと簡単に要点を言ってくれればいいのに」「そんなにいちいち説明しなくてもわかるよ」と不満を感じるのでしょう。

でも先生だって、手短に話をしてクラス全員が理解してくれれば、こんなに楽なことはないと思っています。

あなたは、自分よりも理解の遅い人、あるいは何かが不得意な人や苦手な人、できない人や弱い人に対して、思いやる気持ちをわすれてはいけません。

まわりのみんなが、自分と同じスピードでは動いていませんし、同じようにできるわけではないのです。

優秀《ゆうしゅう》と言われている人、自分に自信がある人は、ともするとできない人に対して「なんでできないの?」と見下すような感覚を持ってしまいがちです。

そういう感覚を持つことは、これから生きていく上でとても危険《きけん》です。

なぜならば、社会には自分よりも何かができない人、弱い立場の人がいっぱいいるからです。

できない人や、弱い立場にいる人たちを思いやれない人は、そうした人たちに、つらく冷たく当たります。

日本は、格差《かくさ》が広がっていると言われています。

格差とは「持っている人」と「持っていない人」のあいだに生まれるものです。

「持っている」人は、いったい何を持っているのでしょうか。

それは一般的《いっぱんてき》に言えば、学力、能力、お金、地位といった、何かができることで持てるようになったものです。

何かができるとかできないとか、能力が優秀とかそうでないとか、お金があるとかないとか、どこの学校を出ているとか、どのような職業についているとか、ハンデがあるとかないとか……そうしたことは人の上下には、いっさい関係がありません。

そもそも人には、上も下もないのですから。

格差は、できる人ができない人のことを見下し始めたときに生まれる。

プライベートなことに立ち入ってくる

プライベートに関する感覚は、人それぞれです。

たとえば、自分が昨日、何をしていたのか聞かれるくらいならなんとも思わない人もいれば、それすらイヤな人もいます。

自分のことを何でも話すことができる人もいれば、自分のことはできるだけ話したくないと思っている人もいます。どちらが正解で、どちらが間違《まちが》いではありません。

人づき合いには、距離感《きょりかん》があります。 この距離感には二つの意味合いがあって、まずは「ほかの人が自分から2メートルくらいの距離にいてもなんとも思わないが、30センチの距離まで近づいてきたら近いと感じる」といった物理的な距離感があります。

もう一つは、心理的な距離の感覚です。**何でも話せる相手もいれば、あまり自分のことを話したくない相手もいます。**

何を聞かれても、とくに抵抗を感じない相手もいれば、ちょっとプライベートに立ち入った質問をされるだけで気に入らない相手もいるでしょう。

この感覚は、もともと本人が持っているものもあれば、相手との仲のよさによって変わるものもあります。

自分を中心にして、まわりに円が描《か》いてあるところをイメージしてみましょう。その円の中には、基本的にはだれにも入ってきてほしくありません。なぜなら、その円の中は、とても個人的なもので、大切なスペースだからです。これを「パーソナルスペース」ともよびます。パーソナルスペースは、とても大切なものです。

第１章19ページで学んだとおり、怒《いか》りは大切なものを守るための感情《かんじょう》でした。だれかがパーソナルスペースに入ってくることは、その人があなたの大切なものをどうにかしようとしている、と受け取るきっかけになります。

そのため、相手がその円の外にいるうちは平気ですが、その円の中に入ってくると、あなたは「距離が近すぎる！」と警戒《けいかい》します。

時には、相手を攻撃することで自分の大切なパーソナルスペースを守ろうとするのです。

あなたは今、プライベートのことを聞いてくる人に対して、心理的に距離が近いと感じています。

ですが相手は、あなたと同じようには感じていないかもしれません。そういうことはよくあります。

相手は、あなたの大切なパーソナルスペースに、意識的に入ってこようとする場合もあれば、とくに意識もせずに近寄ってくることもあります。意識せずに近寄ってくる人は、あなたの距離感とは別の距離感を持っています。あなたにとっては近すぎると思う距離が、相手にとっては別に近くないと思っている距離だったりします。

このパーソナルスペースは、おたがいに見えません。見えないので、どれくらい近寄ったら、相手がイヤな気持ちになるのかがよくわからないのです。

大切なことは、自分のパーソナルスペースを、相手に伝えることです。自分はここまでは聞いてもいいけど、ここから先は聞いてほしくないといった具合です。

また、こういう内容は話してもいいけど、こういう内容は話したくないと相手に伝えることも大切です。

自分の「パーソナルスペース」を相手に伝えよう。

親があれこれ干渉《かんしょう》してきてウザい

親があなたに干渉《かんしょう》してくるのは、あなたのことがとても大切だからです。大切だから、あなたに何か問題が起きていないか心配をします。

ところがあなたにとって、親の心配はウザいと感じています。なぜ、親から心配されることが、そんなにもイヤなのでしょうか。

少しむずかしい言葉ですが「自己決定権《じこけっていけん》」という言葉を聞いたことがあるでしょうか。**親の心配や、いわゆる親心を、あなたがウザいと感じるのは、この自己決定権が大きく関係しています。**

また、この自己決定権はあなたの幸せにとても大きな影響《えいきょう》をあたえます。自己決定権を調べるとこう書いてあります（「Gakken キッズネット」より）。

自分の生き方・生活スタイルについて、自分自身が自由に決定する権利。新しい人権の一つ。日本国憲法には明記されていないが、日本国憲法第13条で保障されている幸福追求権に基づいて主張され、公共の福祉に反しないかぎり尊重《そんちょう》されると考えられている。


ちょっとむずかしいですね。

とても簡単に言うと、自分がしたいこと、選びたいことを、自由に決めることができる権利のことです。

あなたがどのような趣味《しゅみ》を持つのも、スポーツをするのも、音楽をするのも、絵を描くのも、何でも自由にあなたが決めていい権利です。

大人になれば、どのような職業につくのかも、あなたがだれを好きになるのかも、だれと結婚をするのかも、あなた自身が決めることができます。

もっと大きな視点《してん》で見れば、あなたの人生は、あなたが好きなように自由に選択《せんたく》していいというものです。

「自分の人生は、自分で決めることができるのが当たり前じゃないの？」と思うかもしれません。

日本に住んでいると、なかなか理解しにくいと思いますが、外国には生まれたときに一生の職業がすでに決められている、ということもあります。

ある研究によると、この自己決定権は、お金よりも学歴《がくれき》よりも、幸せに大きな影響をあたえることが指摘《してき》されています。

つまり、**幸せになるためには、お金持ちになるよりも、よい学校に行くよりも、自分で自由に決められることのほうが大切**なのです。

幸せになりたいから、勉強をがんばったり、仕事で成功したりして、お金持ちになろうとしている人が多いのに、じつは幸せになるための方法は、そうした努力よりも、もっとほかのことのほうが大切だったのです。

あなたが親の干渉をウザいと思うのは、無意識のうちにあなたの自己決定権が奪われていると感じているのかもしれません。

たとえば、子どものころ、スーパーでどちらのお菓子《かし》を買おうか迷っていると、親から「もうこっちにしなさい！」と、無理やり選ばされたことがあるのではないでしょうか。じつはこんなところでも、自分が自由に決める権利がうばわれているのです。

こんな経験をくり返すうちに、親が何かを言ってくると、自分が自由に決めることができなくなるのではないかと反発をしているのです。

ただ、親はあなたの自己決定権をうばいたくて、干渉してきているのではありません。本当にあなたのことを大切に思い、心配していることは、つねにわすれないでください。


人生の幸せは、お金よりも学歴よりも「自己決定権」で決まる。

「やってはいけないこと」が多すぎる！

これも前回に書いた自己決定権の問題です。だれかから「やってはいけない」と言われると、あなたは自己決定権がうばわれていると感じるのです。

そのとき、あなたは「やってはいけない」と言ってくる親、先生たちと、あなたの自己決定権をうばうようなことをしてほしくないと、話し合うことができます。

親や先生は「あなたのことを思って」と言い、あなたは「それは余計なお世話」と言い、話し合いは平行線をたどることもあるでしょう。

でも、その話し合いをしなければ、おたがいに何が問題なのか明らかにすることができません。勇気を出して、あなたの自己決定権について話してみましょう。

その一方で、やってはいけないと言われることを、見方を変えてチャンスととらえることもできます。

親や先生から「やってはいけない」と言われることは、あなたにとっては逆境《ぎゃっきょう》と見えているでしょう。

今回は、こうした逆境がやってきたときに、見方を変えてみることで、逆境がむしろチャンスになる方法を考えてみましょう。

これからの人生で、つらいとき、苦しいとき、イヤな思いをするときがやってきます。そうしたとき、見方を変えるだけで、その場面を乗り越えることができるようになります。それは、あなたにとって大きな武器《ぶき》となるでしょう。

やってはいけないことが多い状況《じょうきょう》は、あなたにとって選択肢《せんたくし》が少ないと言いかえられます。自分で決められることが少ないと、自己決定権が制限《せいげん》されることになるので、あなたは不満を持ちます。

その一方で、選択肢が少ないことは、見方を変えれば多くのことをやらなくていいとも言えます。

いろいろなことを、自分で自由に選べるのはよいことであるものの、逆に言えば、選べるものが多すぎて、何を選んでいいのかわからなくなることもあります。

選択肢が多すぎて、選ばなくていいもの、選んではいけなかったものを選んでしまう危険性も高くなります。

スポーツでも勉強でも、うまくなる方法は無限にあります。

全部を試すことができれば、それにこしたことはありませんが、実際《じっさい》はそんなに時間も労力もかけられません。あなたが使える時間や労力はかぎられています。

ある程度、選択肢や方法がかぎられたほうが、それに集中して取り組むことができます。かぎられたものに集中して取り組むことは、それが上達できる近道になるのです。**どんな逆境にも、チャンスは隠れています。そのチャンスを見つけるのはあなた自身です。**あなたがどう考えるか、どう物事をとらえるかによって、どうにでも目の前のことを変えることができるのです。

やってはいけないことが多すぎるからと、イヤになって何もしないまますごすこともできます。一方で、やってはいけないことが多いなら、その中から自分ができること、集中して取り組めることを、さがそうと前向きになることもできます。

どちらの選択も、あなたが選ぶことができるのです。あなたはどんなときでも、自己決定権の下で、あなたが選び、決めることができます。

見方を変えれば、どんな逆境の中にもチャンスは見つかる。

友だちばかりほめられてモヤモヤする

怒りを大きくする言葉があります。

これらの言葉を使っていると、ちょっとしたことでも、いつの間にか大きな怒りになっていることがあります。

ですから、なるべくこれらの言葉を使わないように気をつけましょう。

それはどういう言葉かと言えば「思いこみ言葉」です。

思いこみ言葉とは、自分が勝手に「そういうことだ」と決めつけて使っている言葉です。自分が勝手に決めつけているので、事実ではないことが多いです。

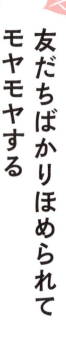

事実ではない言葉を使うことの何が問題かと言えば、ほとんどの場合、事実よりも悪いほうに物事をとらえていることです。

悪いほうに考えているので、自然とマイナスな気持ちを持つことになります。

「友だちばかりほめられる」の中にも、代表的な思いこみ言葉が入っています。それは「ばかり」です。

あなたが「友だちばかりほめられる」と思うとき、あなたは友だちだけがほめられているという意味で使っています。友だちはほめられるけど、自分はほめられない、自分はほめてもらったことがないと決めつけているのです。

実際には、あなたもほめられています。ほめられているのですが、そのことに気づいていないのか、ほめられたとしても、それに満足していないのかもしれません。

いずれにしても、友だちばかりがほめられているわけではないでしょう。

思いこみ言葉には「ばかり」以外にも次のようなものがあります。

ふだん、これらの言葉を使っていないでしょうか。

「いつも」怒られる。

「みんな」持っている。

自分「だけ」がうまくいかない。

「絶対」ウソをついている。


思いこみ言葉は、大げさな表現とも言えます。

自分の気持ちを強く言いたいときにこの思いこみ言葉を使えば、意味を強くできると思っています。自分の気持ちをより強く言いたいときに使いがちです。

大げさに言っているので、それは本当のことではありません。一部は本当のことでも、自分に都合よく大げさにしています。

「いつも」とは、本当にどんなときもでしょうか。あなたが「いつも」と使うとき、本当は「だいたいの場合」のことではないでしょうか。

「みんな」とは、本当に全員のことでしょうか。クラスメイトや友だち、あなたが思い浮かべることができる人の中でのことでしょう。

「自分だけ」とは言いますが、あなただけではないですね。あなたと同じ状況にある人はほかにもいます。

「絶対」も、とても強い言葉です。絶対は１００％という意味です。私たちは気軽に「絶対」を使いますが、どんなことにも１００％はありません。

これらの思いこみ言葉は、じつはとくに深い意味もなく、クセで使っていることも多いものです。でも、それはよいクセとは言えません。

なぜなら、先ほど書いたように、事実を曲げてしまう表現だからです。

あなたには、ていねいに事実を見て、それを言葉にしてほしいのです。

何が本当のことだろうかと、正確に事実を見る練習《れんしゅう》をすることは、あなたが気持ちと上手につき合う上で、とても大切な技術になります。

「思いこみ言葉」に気をつけよう。

平気で「傷《きず》つくこと」を言ったりやったりする

先ほど「思いこみ言葉に気をつける」と書きました。

代表的な思いこみ言葉も紹介《しょうかい》しましたが、じつはここにも思いこみ言葉が入っています。

それは「平気で」です。

あなたが傷つくことを言われたり、されたりしていることは、あなたがそう感じているのだから本当のことです。

でも、相手が「平気で」あなたが傷《きず》つくようなことを言ったりやったりしてきているのかは、あなたにはわかりません。

こう書くと、あなたは「いや、相手は平気だもの。反省なんてしていないし、自分が悪いなんて感じていない。自分にそういうことを言ってくることをなんとも思ってないのは確かだ」と反論《はんろん》したくなるかもしれません。

あなたの気持ちはとてもわかりますが、それでもあなたは、相手が本当のところどういう気持ちでそうしているのかはわからないのです。

もしかすると、相手はあなたを傷つけることを言ったりやったりしているつもりさえないことだってありえるのです。

あなたが見つめなければいけないことは、あなたが感じている気持ちの部分だけです。相手がどのようなつもりで、それをしているのかを考えると、怒りは大きくなってしまいます。

相手のすることを、悪い意味に想像することを「邪推《じゃすい》」と言います。

邪推は人間関係を邪魔《じゃま》します。相手のしていることはもちろん、相手のことも悪く思うのですから、おたがいに仲良くはなれません。

ここで勘違《かんちが》いしてほしくないのは、相手の気持ちや意図《いと》を想像してはいけないということではありません。

もし自分が相手だったとして、どういう気持ちなのだろうか、どういうつもりなのだろうかと考えることは、相手を理解しようとする努力なので、とてもよいことです。

たとえば、だれかがあなたのことを好きなのかもしれないと思わせるようなことを言ったり、してきたりすることがあったとします。

そんなとき、相手が自分に好意があるのかもしれないと想像することは、とてもよいことです。

そう考えることで、相手にも自分が好意を向けることができるからです。

おたがいに好意を向ければ、人間関係は良好になります。

そんなときに「いや、相手は自分のことなんて嫌いに決まっている。自分に好意なんて向けていない。これは自分の勘違いでしかない」と考えることは邪推になります。

よいことはよいこととして、素直《すなお》に受け止められるほうが物事はうまくいきます。

あなたが傷つくようなことを言われたりされたりしたら、そのことを相手に伝えましょう。

上手に伝えるコツは、傷ついていると同時に、感じているほかの気持ちも一緒に伝えることです。傷ついて悲しい、傷ついて怒っている、傷ついてつらい、傷ついて困《こま》っている、傷ついて落ちこんでいる……といった具合です。

二つの気持ちをあわせて伝えることで、相手はあなたの気持ちをもっと理解しやすくなります。

理解できれば、同じことはしなくなるでしょう。

邪推しない。二つの気持ちをあわせて伝えると、相手に伝わりやすくなる。

どうして自分の家はお金持ちじゃないの？

第1章で書いたように、人生に不平等はつきものです。その不平等をいくらなげいたとしても、何もよいことはありません。

あなたをなぐさめるわけではありませんが、家がお金持ちだからといって、人生が何でもうまくいくとはかぎりません。逆に、家がお金持ちだったからこそ、人生がうまくいかなくなってしまうこともあります。

めぐまれた環境に生まれてしまうと、めぐまれていることが当たり前になってしまいます。

欲しいものが苦労なく買える、行きたいところにいつでも行ける、新幹線《しんかんせん》に乗るときはグリーン車に乗れるし、食べたいものが満腹《まんぷく》になるまで食べられます。

多くの人ががんばったり、苦労したりしてやっと手に入れられるものを、家がお金持ちなだけで、いとも簡単に手に入れることができます。

こうしたことは、よいことばかりとは言えません。欲しいものを簡単に手に入れられることが当たり前の人にとって、欲しいものが手に入らないときにとても大きなストレスを感じます。


人生に不平等はつきものですから、欲しいものが手に入らないことは、だれにもやってくるのです。 家がお金持ちであったとしても、欲しいものが手に入らないこと、行きたいところに行けないことはやってきます。

たとえば、２０２０年から世界的にコロナが大流行しました。

その数年間はお金があったとしても、外食もできなかったですし、旅行にも行けませんでした。お金があっても、したいことがあっても、どうやってもできない期間があったのです。

よく言いますが、お金は何かをするための道具でしかありません。
お金があれば何でもできるような気もしますが、コロナが流行《はや》ったときのようにお金があったとしても、何もできないこともあるのです。

さて、あなたには信じられないかもしれませんが、お金がなかったからこそ、うまくいった人もいます。

今では有名な経営者になった人たちの中に、こういうことを言う人が結構《けっこう》います。

「お金がなかったからアイデアで勝負するしかなかった」
お金がないくやしさからがんばることができたと言うのです。

私も何社か会社を経営《けいえい》していたことがありますが、お金がないならないでやり方を工夫するものです。

そして、その工夫はお金では買えません。お金があるから大丈夫と思ったら、そこに油断《ゆだん》が生まれ、会社がダメになってしまうことだってあるのです。

あなたは「お金があれば、やりたいことができるのに」と思っているかもしれません。

でも、**あなたに足りないのはお金ではなく、お金がなくてもやりたいことをできるようにする気持ちや工夫**です。

将来、会社で仕事をするとき「お金をいくらでも使っていいから、好きに何かをやっていいよ」と言われることは、まずありません。かぎられたお金の中ならまだしも、お金がない中で工夫して成果を上げるように言われます。

お金をかけずにやりたいことができるようになる工夫。今から練習をしていきましょう。

お金そのものより必要なのは、お金がなくてもできるようにする気持ちと工夫。

第3章

将来《しょうらい》が不安なときは「心の声」を聞こう

「不安のない人」なんていません

不安とは何なのでしょうか。一般社団法人《いっぱんしゃだんほうじん》日本うつ病センターのホームページには、不安についてこう説明してあります。

不安とは、「明確《めいかく》な対象《たいしょう》をもたない怖《おそ》れの感情《かんじょう》である」と定義《ていぎ》されています。つまり、ある人に漠然《ばくぜん》とした危険《きけん》が迫《せま》り、自分がそれに対処《たいしょ》できないかもしれないと感じたときに、生まれる感情であると言えます。（中略）不安は私たちのもっとも身近にある感情で、人が生きていくための一種の防衛反応《ぼうえいはんのう》であるとも言われています。

第１章の19ページで説明したとおり、怒《いか》りは大切なものを守るための防衛感情でした。不安にも「防衛」という言葉が使われています。

私たちは、何かを守りたい気持ちが強いようです。大切なものが攻撃《こうげき》されれば怒りで防衛しようとしますし、それを守れないかもしれないと思えば不安が生まれます。

ただ、不安が生まれることで、大切なものを守るために何かしなければと考えたり、行動をしようとしたりできるので、不安が生まれること自体は問題ないどころか必要なことと言えます。

人は、大切なものが何もなければ、不安を感じることはありません。大切なものがない人なんていませんから、だれもが不安を感じます。

不安を感じているのは、あなただけではありません。友だちも親も先生も、あなたの知っているすべての人が、あなたと同じように何かしらの不安を感じています。

仮に不安がなかったとしたら、どうなるでしょうか。不安がなければ、気楽で幸せな人生になるのでしょうか。

じつは、そうとも言えません。

不安がないことは、危険が身近にせまっていることを感じなかったり、何もこわくない状態《じょうたい》です。

こわいものが何もないなんて、かっこよく見えるかもしれませんが、まったくそんなことはありません。

こわいものがないなんて、ただの無計画、無鉄砲《むてっぽう》にしかならないのです。

どんなに真面目に生きていても、正しく生きようとしても、生きていれば何かの危険がせまってくることがあります。

その危険は、あなた個人の力では、どうやっても解決《かいけつ》することができないものであることもあります。

たとえば、日本の「少子高齢化問題《しょうしこうれいかもんだい》」です。少子高齢化問題は、社会にさまざまな問題を引き起こしますが、その一つが年金問題です。

あなたのお父さんやお母さんは、老後の不安を感じているでしょう。なぜなら少子高齢化が進むことで、もらえる年金額がへると予想されているからです。

少子高齢化問題は、あなたががんばっても、一人で解決できる問題ではありません。少子高齢化も、あなたの人生にせまってくる危険の一つです。

それを危険だと思い、こわいことだと思えば、わかいうちから老後にそなえて人生設計《せっけい》を組み立てることができます。

ところが、**何の不安も感じなければ、その場そのときだけがよいことになり、気づいたときには取り返しがつかないことになっている**こともあります。童話「ありとききりぎりす」は、まさにこうした将来《しょうらい》に対する不安を暗示《あんじ》している物語と言えます。

不安を感じるのは自然なこと。不安があるから準備《じゅんび》できる。

勉強したくないし苦手、進学できるか不安

私たちには「できること」「できないこと」「大切なこと」「大切ではないこと」があります。

「できること」は、自分が努力や工夫をすることで、どうにかできるようになる、変えることができることです。

たとえば、明日の朝いつも起きる時間より早く起きることは、自分が努力すればできることです。自分の意思で起きる時間を変えることができます。

「できないこと」は、自分の力ではどうやっても無理なことです。

たとえば、明日の天気は、自分の力ではどうやっても変えることができません。

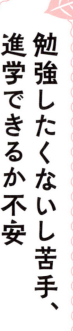

電車がおくれてきて遅刻《ちこく》しそうになったとしても、自分がどうにかがんばれば電車が来るようなことはありません。

「大切なこと」は、自分がどれだけの時間と労力をかけても関わりたいことです。たとえば、自分が希望していること、欲しいことです。

「大切ではないこと」は、別に自分が関わらなくてもいいと思えることです。あるいは、関わったとしても仕方がないと思えるようなことです。人生において優先《ゆうせん》順位が低いことです。

この「できること」「できないこと」「大切なこと」「大切ではないこと」を組み合わせると、次の４つになります。あなたがふだんしているあらゆる行動は、すべてこれのどれかに当てはまります。

1・大切で、できること
2・大切ではないけど、できること
3・大切で、できないこと
4・大切でもないし、できないこと

1・大切で、できることは、あなたは努力して取り組まなければいけません。結果的にできるかできないかは関係ありません。

あなたは、勉強はしたくないし苦手だけど、進学はしたいと思っています。勉強はできることです。そして、進学をすることは大切なことです。

勉強が得意《とくい》かどうかは関係ありません。勉強し、進学することは、優先順位が高いことです。**不安だと思っているだけではなく、行動をしましょう。少なくとも努力をしなければ何も始まりません。**

2・大切ではないけど、できることは、自分に余裕《よゆう》があるときに取り組めばいいのです。あなたにとって優先順位が低いことです。

3・大切で、できないことは、残念ながら人生にはあります。あなたが大切だと思っているのに、自分ではどうしようもできないことです。

たとえば、親友が遠くへ転校してしまったとしましょう。毎日会うことはできず、さびしいです。だからといって、毎日会うことはできません。

できないことはできないことを受け入れて、ほかの選択肢《せんたくし》をさがすのです。今ならSNSをはじめとしたビデオ通話で会話することだってできます。

４・大切でもないし、できないことは放っておけばいいのです。あなたが関わる必要もなければ、考える必要もありません。たとえば、インフルエンサーのうわさ話なんて、あなたの人生にとっては大切でもなければ、何かできることでもありません。

私たちはできることをできないとなげき、できないことをしようとしてできないとイライラします。また、大切で優先順位の高いことに集中せずに、大切ではない優先順位の低いことに時間や労力をかけては後悔《こうかい》します。

あなたは、あなたができること、大切なことに集中しましょう。

できること、できないこと、優先順位を整理して行動する。

夢《ゆめ》がかなわなかったらどうしよう……

もし夢《ゆめ》がかなわなかったらなんて、考えるだけでもこわいことでしょう。夢を見ることは楽しいことですし、夢がかなったらどんなにうれしいかと、期待がふくらみます。

その一方で、子どものころの夢は、多くの人がかなわない現実があります。なぜ子どものころの夢がかなわない人が多いのかと言えば、それは成長するにつれて、夢そのものが変わることが多いからです。

あなたが今とても興味《きょうみ》のあることは、もしかすると10年後はあまり興味のないものになっているかもしれません。

大人になる中でもっと大切なもの、もっと興味のあるものが出てくるのは自然なことです。

あなたはこれから先、ずっと変わっていきます。あなただけでなく、あなたの友だちも親も先生も、これから知り合う人たちもみんな変わります。

変わらない人はいません。もっと言えば、この世の中で変わらないものは何一つありません。ずっと変わらずに同じように見えるものも、じつは変わっているのです。

夢が変わるのは、あなたが変わるからです。

あなたが変わることは成長することのあかしです。今の夢を大切にすることも大事なことですが、別の夢を見始めることも大切なことです。

今の夢がかなわないことは、不幸ではありません。むしろ、今の夢以外を考えられないことのほうが、自分の可能性《かのうせい》をせばめるこわいことかもしれません。

変わることがこわい人は、どうにか今のままでいようとします。

でも、この世の中に変わらないものは何もないのですから、あなただけが変わらずにいることは不可能です。

仮に、あなたが変わらずにいられたとしても、世の中は変わっていくので、社会から取り残されてしまう危険性があります。

「変わりたくない」とこだわる人がいます。そういう人は、わからないもの、知らないものを拒否《きょひ》し、変わることを受け入れることができません。

変わらないことの一番のデメリットは、新しいこと、変化にチャレンジできなくなることです。「夢がかなわなかったらどうしよう」と思いつつ、では新しい夢にチャレンジするかと言えば、それもしません。

それでは、どこにも行けません。**一つの夢にこだわるのではなく、もっといろいろな夢、別の夢が見られないか考えてみましょう。**

いろいろなことを夢見ることとは、あなたの人生の選択肢を多くすることになるので、とてもよいことです。

では、どうすれば新しい夢を見ることができるかと言えば、自分がつくりたい変化を考えることです。

これからどういうふうに変わりたいか、まずは試しに書き出してみましょう。

それが実際《じっさい》にできるかどうかは考えなくてＯＫです。自分がこうなったらいいな、こんなことをしてみたいなと思うことを素直《すなお》に書き出すのです。

たとえば、海外に留学《りゅうがく》をしてみたい、好きな子に告白《こくはく》したい、チームでレギュラーになりたい、人気者になりたいなど、何でもいいのです。

そして書き出したら、そうなるために今日できることを考え、やってみるのです。今日できることは本当に小さなことかもしれません。それでも十分です。

つくりたい変化を書き出す。その変化のために今日できる小さなことをやってみる。

これを少しずつつくり返すことで、新しい夢を見つけ、その夢に向かって歩くことができます。

夢は変わるもの、つくれるもの。

そもそも「夢」や「なりたいもの」がない

あなたくらいの年齢《ねんれい》のころは、よく「大人になったら何になりたい？」「将来の夢は何？」と聞かれると思います。

ただ、あなたにそれを聞いてくる大人は、必ずしもとくに深い意味があって聞いてくるわけではありません。

あなたと話をするとき、会話の一つのきっかけになればいいかな……くらいの気持ちで聞いていることがよくあります。

私も子どものころ「将来の夢は何？」とよく聞かれました。

そのころは、とくにはっきりとしたものは何もなかったのですが、なんとなく大人の期待に応《こた》えたほうがいいのだろうくらいの気持ちで、とくに野球の大ファンというわけでもありませんでしたが、プロ野球選手と答えていました。

すると大人は「プロならやっぱり巨人《きょじん》だな」とか、当時とても強かった「西武《せいぶ》に入ればいいな」と、私の本当の気持ちではない夢に話を合わせるのでした。

そうした会話は悪いことではないですし、他愛《たあい》のないものですが、くり返し聞かれているとイヤな気持ちになったり、夢を持たなければいけないプレッシャーを感じるようになったりします。

そもそも「夢やなりたいものは必要か？」と聞かれたら、私はとくになくてもいいと答えます。

夢やなりたいものよりも大切にしてほしいのは、これからよくなる、きっとよいことがあるという感覚を持つことです。

私は「夢」よりも、この感覚を持つことのほうがはるかに大事と考えています。ではどうすれば、これからよくなる、きっとよいことがあると思えるようになるかです。

それは、あなたが「自分にとって、まわりの人にとって、長い目で見たときに健康的か？」という、アンガーマネジメントにおける「ビッグクエスチョン（大事な質問）」をもとに考え、行動し続けることです。

あなたが、そのように努力をしたからといって、必ず望むような結果になるとはかぎらないのが、きびしい現実《げんじつ》の姿《すがた》です。

しかし、大事なのは結果ではなく、その過程《かてい》です。

あなたが、自分やまわりの人にとって、長い目で見たときによくなると信じて行動をすることは、これからよくなる、きっとよくなると思っているからできることです。

逆に言えば、ビッグクエスチョンにそって考え、行動していれば、これからよくなる、きっとよくなると信じることができます。

この先、よいことなんて何もないと思ったら、人はよくなろうとは思いません。よくなろうと思わければ、課題を解決するために努力しようとも思いませんし、見て見ぬふりをして問題を放置します。

問題を放置すれば、問題は片づかないので、問題が山積みになっていきます。

すると、物事は悪いほうへと悪循環《あくじゅんかん》が加速していきます。
悪循環が始まってしまうと、これから先よいことなんて起きるわけがないと、さらに気持ちは後ろ向きになります。

後ろ向きの気持ちでいると、ビッグクエスチョンにそった考えや行動はできなくなります。なぜなら、そう考えたところで意味がないと思ってしまうからです。

夢を持つことやなりたいものがあるのはすばらしいことですが、あなたに必要なのは、これから先よいことがある、きっとよいことが起こると信じ、考え、行動できることなのです。

「これからよくなる」「きっとよくなる」という感覚を持とう。

だれのどんなアドバイスを信じればいい？

まわりの大人は、あなたのことを大切に思っています。大切に思っているからこそ、あなたのことを思っていろいろなアドバイスをします。

怒りは大切なものを守るための感情ですが、あなたのことが大切だからこそ、あなたに怒《おこ》ります。

自分のことが大切なら、なんで怒るのか意味がわからないと思うかもしれませんが、大切なあなたが誤《あやま》ったことをすれば、それは大切にしているあなたの人生に危険がおよぶことになるので、そうはならないように守りたくて怒るのです。

あなたは、そうしたまわりの大人たちからのアドバイスに対して「いろいろごちゃごちゃ言ってきて、何をどうすればいいのかわからない」と、困っているかもしれません。

なかには、そうしたアドバイスを余計《よけい》なお世話、ウザいとさえ感じることもあるかもしれません。「どうせなら同じことを言ってくれればいいのに。そうすればわかりやすいのに」と思うことだってあるでしょう。

なぜ、まわりの大人は一つではなく、いろいろなことを言ってくるのでしょうか。それは、言っている本人が「自分の言うことは正しい」と信じているからです。

人生に、絶対的《ぜったいてき》な正解はありません。自分はうまくいっていると思っている人生が、ほかの人からしたらうまくいっているようには見られないこともあります。

あなたは「自分は満足しているのに、なんでみんなは自分の人生にケチをつけるのだろうか」と思っているかもしれません。

ですが、**あなたにとっての正解は、ほかの人にとっての正解ではないこともよくある**のです。

逆に、自分の人生は失敗、苦しいことの連続で、全然うまくなんかいっていないと思っている人生が、ほかのだれもがうらやむような人生に見えていることだってよくあります。

全部のアドバイスが正解とも言えますが、全部のアドバイスがあなたの人生に当てはまるとはかぎりません。

人によって正解はそれぞれ違《ちが》うのです。あなたにとっての正解はあなたが見つけるしかありません。

あなたにとっての正解とは、あなたが心の底から納得《なっとく》できるものです。あなたがこの選択が正しいと信じられるものです。

ただし、このときに条件《じょうけん》があります。

その条件は、先ほど紹介《しょうかい》したビッグクエスチョンにそったものでなければいけません（ビッグクエスチョンについては207ページでくわしく書きます）。

では、どうすればあなた自身の正解を見つけることができるのでしょうか。

それは、あなたがあなた自身の内面と会話をし続けることです。

何をしたいのか、どこへ行きたいのか、何を楽しい、うれしいと思うのか、何に怒りを感じるのか、自分の考えていること、気持ちをくり返し理解《りかい》することです。

自分との対話の方法の一つとして、日記を書くことをおすすめします。

日記を書くことができなければ、自分が考えていること、思ったことを声に出すだけでもOKです。スマホを持っているなら、声に出したものを録音《ろくおん》しておけばいいです。

自分の考えたこと、思ったこと、気持ちを言葉にしましょう。言葉にすることで、ぼんやりしていたものが、はっきりと形が見えるようになります。それが自分の心の声を聞くことになります。

最終的に信じるのは自分自身であり、自分の選択です。自分を信じるためにも自分の心の声を聞く練習《れんしゅう》をしていきましょう。

信じるのは、自分自身と自分の選択。「自分の声」を聞く練習をしよう。

自分に「得意なこと」がなくてイヤになる

あなたにとって、得意なこととはどのようなことでしょうか。

自分が好きでやっていることでしょうか、それともほかのだれかよりも上手にできることでしょうか。あるいは、プロのようにできることでしょうか。

あなたには、本当に得意なことがないのでしょうか。それとも得意なことがあるのにもかかわらず、それを得意なことだとは思っていないだけでしょうか。

あなたが得意なことがないと思うのは、大きく分けて3つの理由があります。

それは「好きなことがない」「だれかと比較《ひかく》をしている」「得意と思えるレベルが高い」です。

まずは「好きなことがない」です。これは第４章にくわしく書きましたが、あなたにとって好きなこととは、やりたいことになるでしょう。

つまり「どうすればやりたいことが見つかるのか」が問われているのです。それを見つける具体的な方法も説明していますので、１６８ページを読んでください。

次に「だれかと比較をしている」です。あなたは自分なりに上手にできること、まあまあできることがあるとします。それは、ゲームでもスポーツでも勉強でも、何でもかまいません。自分一人でやっているときは自信がありますし、自分はうまいほうだと思っています。ただ、友だちと比べると、友だちのほうが上手です。

得意なゲームも、友だちと一緒《いっしょ》にやるとほとんど勝てません。あるいは、友だちよりも得点が出せません。すると、自分よりも友だちのほうがうまいのだから、自分が得意だと言うのは、なんとなく気が引けてしまいます。

でも、自分が得意だと思うことと、それがだれかよりもうまいかヘタかは関係ありません。得意かどうかは自分が決めることで、だれかと比べて決めることではないのです。

だれかと比較をしたら、上には上がいるものです。
だれかよりもうまくなければ得意だと言えないのであれば、世界のトップ以外はだれもそれを得意だなんて言えなくなってしまいます。
たとえば、サッカーを得意と言っていいのは、メッシ選手やクリスティアーノ・ロナウド選手だけでしょうか。そんなことはないですよね。
最後に「得意と思えるレベルが高い」です。これはあなたが「得意と言っていいのは、これくらいできなければいけない」と理想を高く考えています。

サッカーであれば、先ほどのメッシ選手やロナウド選手のようなプレーができなければ得意とは言ってはいけない、と思っているようなものです。この考え方も、だれも得意なことがなくなってしまいます。

得意なこととは、それをすることが苦しくないということでしょう。**あなたが勉強することが苦しくないのであれば、それはあなたが勉強が得意だからです。**

あなたが苦しくないことであっても、世の中にはそれを苦しいと思う人がいます。外で遊ぶことが苦痛だと思う人もいます。その人にとっては外で遊ぶよりも、家の中で本を読んでいるほうが楽だと思えば、読書が得意ということです。

あなたにとって苦しくないことは何でしょうか。あなたが得意なことはあなたがとくに苦もなく当たり前のようにできることです。

得意かどうかは自分で決めること。苦もなくできることが得意なこと。

ついネガティブに、悲観的に考えがち

ついネガティブなほうに、悲観的に考えることも、見方を少し変えてみると悪いことではなくなります。

一つの物事は、いろいろな角度から見ることができるのです。

ネガティブは見方を変えれば「危《き》険《けん》察《さっ》知《ち》能《のう》力《りょく》」が高いことと言えます。つまり「ネガティブになる」とは、前に進みたくない、前に進めない状態のことです。

なぜ前に進めないのかと言えば、進んだ先に何か危険がある、うまくいかないかもしれないと感じているからです。

危険察知能力が高いと、差しせまる危険に対して、ほかの人よりも素早く対応《たいおう》できる可能性があります。

うまくいかないかもしれないと思えれば、じっくりと準備をすることができます。「石橋を叩《たた》いて渡《わた》る」ということわざがありますが、ネガティブであるからこそ物事を慎重《しんちょう》に安全に進めようと思えるのです。

ポジティブであること、楽観的であることは、一見よいことであるように思える反面、危険察知能力が低いこととも言えます。

石橋を渡るとき、安全なはずの橋桁《はしげた》が、じつはもろく、くずれやすくなっていたとしても、それに気づかずに、あるいは「大丈夫《だいじょうぶ》だろう」とたかをくくって渡ってしまいます。

場合によっては、橋がくずれてしまい、まきこまれることもあるかもしれません。

ここで言いたいのは、ポジティブとネガティブ、どちらのほうがいいかではありません。

あなたには、物事を見るときに、一つだけの見方ではなく、いろいろな見方ができるようになってほしいのです。

いろいろな見方ができるようになることは、視野《しや》を広げることになり、視野が広がれば、今まで見えなかった選択が見えたりして、より多くの選択ができるようになります。

たとえば、ネガティブに考えがちなことは、見方を変えれば危険察知能力が高いというポジティブなこととして見ることができます。

その逆に、ポジティブに考えがちであれば、危険を察知できずにトラブルにまきこまれやすくなる可能性があると見ることもできます。

ネガティブに考えがちなことを、危険察知能力が高いとポジティブに見ることができれば、ネガティブに考えがちなことを短所として悲観する必要はありません。

むしろ、そこを長所として前向きに考えることができるようになります。

自分が短所だと思えるようなことが、長所にならないか考えてみましょう。

たとえば、友だちが少ないことは、少ない友だちと親密《しんみつ》な関係をきずけることと言えます。話が上手でないことは、人の話を上手に聞けるチャンスがあることと言えます。引っこみ思案なことは、冷静にまわりを見渡すことができると見ることができます。

また、物事を決められないことは、多くの選択肢を考えることができるとも言えます。はずかしがり屋なことは、謙虚《けんきょ》な姿勢《しせい》に見られます。緊張《きんちょう》しやすければ、慎重に取り組めます。臆病《おくびょう》であれば、ていねいに計画を立てられる長所とも言えそうです。

あなたが短所だと信じこんでいることは、あなたが思うほど短所ではありません。

視点を少し変えることができれば長所にもなり、自分の武器《ぶき》にすることもできるのです。

短所に思えることも、視点を変えれば長所にも武器にもなる。

心配事のほとんどはやってきません！

何か悪いことが起こりそうなとき、あるいは起きたときに「最低」「最悪」と言うのではないでしょうか。私たちは、つい「最低」「最悪」と使ってしまいますが、それは本当の意味で最低でも最悪でもありません。

最低、最悪の本当の意味は、最も低い、悪いという意味で、これ以上下がらないし、悪くならない状態のことです。

ところが私たちが「最低」「最悪」と言うとき、それは本当の意味で最低でも最悪でもないけど、かなり悪いという意味で使っています。

もしくは、大して悪くないのに、大げさに最低、最悪と言っているだけです。

そして、最低、最悪だと言っていると、本当は違うのに、最低、最悪の状態と思うようになります。

本書では、たびたび日記を書くこと、思ったことを言葉にすること、声に出すことなどをおすすめしています。

なぜなら、言葉を書くことで、目に見えない気持ちや考えていることを、形にすることができるからです。

言葉は、あなたの考えたことや気持ちを表現する道具です。道具なので、上手な使い方もあれば、うまくない使い方もあります。

上手な言葉の使い方とは、自分が考えていることや自分の気持ちを、正確にていねいに表現する使い方です。

また、自分を勇気づけたり、だれかをはげましたりするような言葉は、言葉の使い方として上手と言えるでしょう。

一方で、うまくない使い方の代表例としては、第2章96ページの「友だちばかりほめられてモヤモヤする」で説明した思いこみ言葉があげられます。

思いこみ言葉は、正確な表現の言葉ではないので、そうした言葉を使うことは上手な使い方とは言えません。思いこみ言葉を使い続けることで、事実がゆがんで見えるようになってしまいます。

なぜ、ここで言葉の使い方の話をしているかと言えば、あなたが使う言葉によって考え方も影響《えいきょう》を受けるからです。**あなたの考えたことや気持ちを表すのが言葉ですが、逆に言葉も考え方や気持ちに影響をあたえます。**

たとえば、乱暴《らんぼう》な言葉づかいをしていると、いつの間にか考え方も乱暴になります。逆に、ていねいな言葉づかいを心がけることによって、考え方だけでなく、ふるまいまでていねいになります。

自分の気持ちが落ちこんでいるとき、怒っているとき、あるいは取りみだしているようなとき、自分に向かって落ち着いた言葉で、ていねいに「大丈夫、なんとかなる」と話しかけることで、気持ちを落ち着け、前向きにさせることができます。

こうした方法は、スポーツ選手などが試合で気持ちを落ち着けるためや、パフォーマンスを発揮《はっき》させるための一つの方法として知られています。

人生には、不安も心配事もつきものです。ただだからといって、不安だ、心配だと言っていたら、気持ちはしずみ、前向きになることはありません。

ほとんどの心配事はやってこないのです。あなたが感じている不安も、ほとんどのものは思いすごしに終わります。

そう自分に言い聞かせることで、いざその心配事や不安が身近にせまってきたとしても、落ち着いて対応できるようになります。

自分がピンチのとき、自分に言い聞かせて気持ちを落ち着ける言葉、自分を勇気づけてくれる言葉を用意しておきましょう。

そして、ピンチのときに、その言葉を自分に言い聞かせるのです。

正確な言葉、ていねいな言葉を使って、考えや気持ちによい影響を与えよう。

「今の環境《かんきょう》」がつらい……いつまで続くのか

日本人は、逃《に》げることが苦手です。逃げることをよいことと思わないところがあります。逃げるなんて、投げ出すようで卑怯《ひきょう》なこと。苦しいからと逃げていたら、困難《こんなん》に立ち向かえなくなり、人生うまくいかなくなる。逃げるなんてあまえでしかない。そもそも逃げるなんてはずかしい……そう思っている人が多いものです。

あなたがだれかに今がつらい、苦しいと相談をしたら「もう少しその場でがんばってごらん」「その場でできることをさがしてみよう」とアドバイスされ、間違《まちが》っても「その場からさっさと逃げなさい」とは言われないのではないでしょうか。

もちろん、その場でできることを見つけがんばることも、時には必要です。

つらいところをどうにかぬけ出す方法を見つける努力をすることは、大きな経験になることは間違いありません。

ただ、あなたがどうにも今の環境《かんきょう》がつらいのであれば、その場からさっさと逃げましょう。逃げることは、はずかしいことでも、卑怯なことでも、あまえでもありません。逃げることは、あなたが生きるために必要な大事な選択肢の一つです。

動物にとって、逃げることは当たり前の行動です。その場で自分に危険がおよぶようであれば、すぐに逃げます。

逃げる以外の選択肢は、闘《たたか》うことです。怒りは大切なものを守るためにある感情と説明しました。動物にとって怒りの役割《やくわり》は、自分の身が危険にさらされたとき、闘うか逃げるかを選択するための命令なのです。

怒りが生まれることで、体を臨戦態勢《りんせんたいせい》にします。ネコが毛を逆立《さかだ》てて、相手を威嚇《いかく》する様子を見たことがあるでしょうか。臨戦態勢とは、まさにあの状態です。

そして、闘って勝てると思えばおそいかかり、闘っても勝てないと思えば、一目散に飛びのいて走り去ります。

人間にも、大切なものを守るために怒りがあり、闘うか逃げるかの選択肢が用意されているのですが、逃げる選択肢を取ることをよいこととは考えていません。
もともと、二つの選択肢があるのに、一つしか選ばないと決めてしまったら、生き残る上では不利にしかなりません。

ちなみに、アンガーマネジメントの本場アメリカでアンガーマネジメントを習うとき、最初に教わるのが「ＲＵＮ！」です。
ＲＵＮは「走る」という意味ですが、そこから転じて「逃げる」の意味で使われています。

その場にいて問題があるなら、あるいは問題が大きくなるくらいなら「逃げろ！」と習うのです。

「三十六計《さんじゅうろっけい》逃げるに如《し》かず」という中国のことわざがあります。これは形勢《けいせい》が不利になったら、あれこれ考えるよりも逃げてしまったほうがいいという意味です。

「逃げるが勝ち」「逃げるは恥《はじ》だが役に立つ」という言葉もあります。どちらも逃げることの大切さ、時と場合によっては逃げることが得策《とくさく》だと説明しています。

ちなみに**「逃げるは恥だが役に立つ」とは「逃げることははずかしいことだが」という意味ではなく「はずかしい逃げ方をしたとしても」という意味**です。逃げることそのものは、はずかしいことではないのです。

あなたには、闘うこと、逃げることとの二つの選択肢があります。どちらの選択も大事です。どちらか一つの選択を、捨てるようなことはしないでください。

逃げていい。逃げることも選択肢の一つ。

本当に日本は弱体化しているの？

「失われた30年」と言われ、日本はこの30年間、経済《けいざい》成長していないことがニュースなどで報じられています。

日本経済が絶好調《ぜっこうちょう》だった1980年代は「ジャパン・アズ・ナンバーワン」といって、日本の成長は世界のお手本になっていました。

それが現在は、物価《ぶっか》の上昇《じょうしょう》とはうらはらに給与額《きゅうよがく》は伸びず、生活がゆたかだと実感する人は以前に比べ、大幅《おおはば》にへっていることは確かです。

そんな状況《じょうきょう》に、漠然《ばくぜん》とした不安を感じたとしても不思議ではありません。

では、日本が世界から取り残され、だれも住みたくなくなるような国になっていくのかと言えば、そうではありません。

経済の指標が、その国の実態を表す大切な数字であることに間違いはありませんが、経済だけでその国の住みやすさや価値が測れるわけではありません。

たとえば、２０２３年10月にアメリカの旅行雑誌「コンデナスト・トラベラー」が発表した「世界で最も魅力的《みりょくてき》な国」ランキングでは、日本が１位にかがやきました。

日本に住んでいると、日本にどんな魅力があるのか気づきにくいかもしれませんが、世界中の人々が日本に魅力を感じ、日本に行ってみたいと思っているのです。

また、あなたは毎日、身の危険を感じながら生きてはいないと思います。

なぜなら、２０２４年に経済平和研究所が発表した世界の治安ランキングでは、日本は７位にランクインしています。

海外では、子どもはおろか、大人であっても自由に歩き回れない国もあるのです。

日本は長寿《ちょうじゅ》の国としても知られています。

ＷＨＯ（世界保険機関）が２０２３年に発表した世界保険統計によると、日本人の平均寿命が84・3歳、健康寿命（自分の力だけで生活できる）が74・1歳でどちらも世界1位です。

健康寿命とは、だれにたよらなくても自分の力だけで、健康的に日常を生活できる期間のことです。

外国人からは魅力的に見え、実際に安全で長生きできる国が日本なのです。

あなたは、世界のほかの国で生まれるよりも大きなアドバンテージを、生まれながらに持っているのです。

では、日本が弱体化しているとして、あなたには何ができるでしょうか。

私たちにはできること、できないこと、大切なこと、大切ではないことがあり、これらは４つに整理することができました。

日本が弱体化していることは、どれに当てはまるでしょうか。それは「大切だけど、できないこと」になるのではないでしょうか。日本全体の弱体化は、あなた一人の力でどうこうできるものではありません。

ただ、あなたにもできることはあります。弱体化する日本にあっても、あなたにとって優先順位《ゆうせんじゅんい》の高いと思われることに集中すればいいのです。

（選挙権《せんきょけん》を得《え》たら）選挙に行って、日本を成長させてくれる人に投票《とうひょう》することは、日本に影響をあたえることができる一つの方法です。

国のためにとは思わなくても、働くことは納税《のうぜい》をすることになり、それはだれかのためになり、国のためにもなります。

私たち一人一人のできることはかぎられていますが、そのかぎられたこと、そして自分にとっての優先順位の高いことに集中することは、結果的に自分だけではなく、まわりの人や大きく言えば国にとっても大きくプラスに働くのです。

自分の人生に集中すればＯＫ。それがまわりの人や国のためになる。

第4章
自分にイライラしてもよくなる方法

「いつもできること」が
できないときがある

「いつもできること」がいつでもできる人は、再現性《さいげんせい》が高い人です。

再現性とは、同じことができることもそうですが、同じ結果を出せることです。

あなたが「いつもできること」ができなくてイヤになると思うとき、それは同じことをしているつもりなのに、同じ結果にならないからでしょうか。

それとも、結果はさておき、同じことができないということでしょうか。

おそらく、同じことをしているつもりなのに、同じような結果にならないことを言っているのだと思います。

一方で、同じことをしているつもりもなく、なんとなく適当《てきとう》にやっているだけなのに、だいたいいつも同じ結果を出せる人がいます。

このタイプの人は感覚派《かんかくは》なのですが、感覚派の人はうまくいっているときはいいものの、うまくいかなくなったときに、ふつうの人よりも同じ結果を出すのに苦労することがよくあります。

なぜなら、今は感覚が合っているので、たまたま同じ結果になっているのですが、あくまでもたまたまであって、再現性は低いからです。

いわゆる天才肌《てんさいはだ》と言われる人は感覚派です。

天才の天才たる理由は、なぜ自分がそれをできているのか、くわしく理解《りかい》していないところです。

うまくいっている理由がわからないまま、うまくいっています。

くわしく理解していないので、人に教えることが上手でなかったり、一度スランプにはまってしまうと、そこからぬけ出すのに大変な努力が必要になったりします。

感覚派の人には、感覚派の人なりの悩みがあるのです。

さて、再現性の低い人の問題は何かと言えば、同じことをしているようでいて、同じことをしていないことです。

同じことをしていないので、同じ結果が出にくいのです。

では、どうすれば再現性を高くすることができるのかと言えば、それはうまくできているときのことを、感覚ではなく、くわしく理解することです。

たとえば、ここでは水泳をしているときのことを例にとって考えてみましょう。うまくいっているとき、あなたはどのような状態《じょうたい》でしょうか。そのときの状態を思い出してほしいのです。

まずは気持ちからです。

気持ちは、物事がうまくいかないときに、とても大きな影響《えいきょう》をあたえます。楽しいと感じていたとして、その楽しさはどれくらいでしょうか。楽しさに10段階《だんかい》あるとすれば、何段階くらいの楽しさでしょうか。

次に体の状態です。

うまくいっているときの体のやわらかさはどうでしょうか。このやわらかさも10段階で考えてみましょう。うまくいっているときは、どれくらいのやわらかさだったでしょうか。

たとえば、水泳のクロールであれば、手に入れている力の加減《かげん》はどれくらいでしょうか。10段階のうち、どれくらいの力の感じで水をかいているでしょうか。

こんな感じで、うまくいっているときの気持ち、体の状態を言葉にして確認《かくにん》をしてみましょう。

言葉として具体的に理解できることで、その状態にもどしやすくなり、うまくいっている状態にもどれることで、再現性を高めることができます。

うまくいっているときの状態を具体的に理解し、再現性を高めよう。

なぜかやる気が出ない……どうしたらいい？

私が知るかぎり、24時間365日、どんなときもやる気に満ちあふれている人はいません。**だれだって、やる気のあるときもあれば、やる気が低いとき、あるいは全然やる気の出ないときがあります。**

私の知り合いにはプロスポーツ選手もいますが、プロスポーツ選手ですら、やる気が出なくて練習《れんしゅう》をしたくない日が結構《けっこう》あると言います。

なかにはプロになったことで、好きだったことが仕事になり、無理やりにでもやらなければならなくなって、余計《よけい》にやる気が出なくなった人もいます。プロだからといって、みんながみんな、そのことを好きでやっているわけでもないのです。

あこがれてなった仕事だったとしても、やる気が出ないことがあるのですから、あなたが勉強や習い事などにやる気が出ないことがあったとしても、何も不思議ではありません。

とくに人は、やらなければいけないと義務《ぎむ》を感じるときや、やらされている感覚を持つと、やる気が出ないことが多いです。

それは、自分で選んでいないと強く思うからです。

やる気を出すときのポイントは「自分でこのことを選んでいる」「自分からやりたいと思っている」と思えるかどうかです。

とはいっても、簡単《かんたん》にそう思えたら苦労はありません。やる気がないときに、無理やりやる気を出そうとしても、やる気が出ないどころか、かえってもっとやる気をなくしてしまうこともあります。

やる気が出ないときの解決策《かいけつさく》は、やる気が出ないときでもできることを見つけることです。 勉強、習い事、お手伝いなど、やる気が出なかったとしても、やらなければいけないことはあります。今後の人生でも、そういう場面はよくあります。

自分のやる気にかかわらず、世の中は動いています。自分だけが止まっていていいのであれば、やる気が出ないときは動かなくていいのですが、そういうわけにもいきません。1日くらいであればいいですが、それが積み重なるとあっという間に置いてけぼりになってしまいます。

たとえば、英語の勉強であれば、どうしても気持ちが乗らず、テキストを開くのがイヤなら、せめて単語を一つでも覚える、あるいはYouTubeで好きな英語勉強の番組だけは見るといった具合に、どんなにやる気がなくても、これだけは最低限やることを決めます。

ここで、少しでもできることをふやそうとは思わないことです。やる気が出ないのですから、やることが少しでも多いように見えただけで、やりたくなくなります。

ポイントは、いかに「それくらいならできる」と、気持ちのハードルを下げられるかです。

それはやる気のあるふだんからすると、やってもないのに等しいくらいに思えることかもしれません。もしかすると、親や先生からは「そんなのはやったうちに入らない」と言われるようなことかもしれません。

でも、それはやる気のないときからすれば、十分すぎるほどの量なのです。だれかからどう言われたかではなく、自分としてできる範囲《はんい》のことを見つけましょう。

やる気が出ないときは、出ないときなりにできることを見つける。

友だちにはっきりと言えなくてモヤモヤする

言いたいことがあるのに言えない。

もしかして、あなたは自分が我慢《がまん》してすむなら、そのほうがいいと思っているのではないでしょうか。

友だちに、思っていることをはっきり言えば、友だちとの関係が悪くなるかもしれない。そんなことになるくらいなら、自分が少し我慢すればいい……。

それでその場がおさまるなら、むしろそのほうが楽と思っているところがあるのかもしれません。

ですが、あなたがそう思っていたとしても、その場はうまくおさまってはいません。あなたがうまくおさめていると思っているだけです。

また、友だちのことだから、これ以上悪くなることはないし、友だちもいつか自分の本音に気づいてくれるかもしれないと、期待《きたい》しているところもあるのではないでしょうか。だとしたら、残念ながらその期待がかなう可能性《かのうせい》は低いでしょう。

まず、相手はあなたが言いたいことを言えなくてモヤモヤしている、我慢をしているとは思っていません。

では、どう思っているかと言えば、何も言ってこないということは不満がない、つまり今の状態に満足していると受け止めています。

あなたが、友だちに何かを言えなくてモヤモヤしているのは、今に不満があるからなのですが、友だちはそうは受け取っていません。

あなたには不満がないと思っているわけですから、友だちはこれまでどおり何も変えずにあなたとつき合います。

あなたは「なんで言えないのだろう」と、自分に対して不甲斐《ふがい》なさを感じるとともに、友だちに対しても「なんでわかってくれないのか」と、悪い感情を持つようになります。

これでは、友だちとよい関係でいることが、どんどんむずかしくなってしまいます。とうとう我慢しきれなくなって、あなたが友だちに言いたいことを言ったとき、友だちはびっくりして「なんでそんなことを言うの？」「なんで今まで言わなかったの？」と、あなたが悪いようにリアクションをするでしょう。

あなたとしては、我慢に我慢を重ね、たとえるならポイントカードが全部たまるまで待って、ポイントがいっぱいになったとき、はじめて意見を言います。

ただ、友だちからすれば、あなたの「我慢のポイントカード」は見えていません。

ですから、いきなりひどいことを言われたと、被害者《ひがいしゃ》のように受け止めるのです。言い返すはずのない相手から何か言われることは予想外であり、あなたが裏切《うらぎ》ったとさえ思います。あなたは、自分が被害者だと思っていますが、言われた友だちも同じように思ってしまうのです。

あなたが、友だちのことを本当に友だちだと思っているのであれば、小さな不満でもはじめから言いましょう。

あなたにしてみれば、言わないことが友だちとの関係のためになると思っていますが、じつは言わないことで友だちとの関係が悪くなってしまうのです。

友だちとの関係だけでなく、人間関係において、どちらかが一方的に我慢をするような関係は、健全とは言えません。おたがいに相手のことを尊重《そんちょう》しつつも、言いたいことが言い合える関係が正常な関係なのです。

おたがいに言いたいことを言い合える関係が、本当の友だち。

すぐにケンカしてしまう自分にガッカリ

ケンカするということは、あなたはそのとき、怒《おこ》っていたのでしょう。第1章19ページで書いたように、怒ることは大切なものを守りたいという行動なので、怒ることは別に悪いことではありません。

私が専門《せんもん》にしているアンガーマネジメントは、1970年代にアメリカで生まれた「怒《いか》りの感情と上手につき合うための心理トレーニング」です。

アンガーマネジメントは、怒らなくすることが目的ではなく、怒る必要のあること、ないことを上手に区別できるようになることを目指します。

怒りと上手につき合うとはどういうことかと言えば、怒りで後悔《こうかい》しなくなることです。

怒りの後悔には２種類あります。

それは怒って生じた後悔と、怒らなくて生じた後悔です。

怒って生じた後悔は、言わなければいいことを言ってしまった、やらなければよかったことをしてしまった後悔です。

怒らなくて生じた後悔は、あのとき言えばよかった、言い返せばよかったと、怒れなくて後悔をすることです。

ケンカしてガッカリすることは、怒って後悔しているということです。

怒って後悔をしなくなるためにはどうすればいいかと言えば、まずは反射的《はんしゃてき》に何かを言ったり、やったりしなくなることです。

怒ることと、考えなしに反射的に何かを言ってしまうことは別問題です。

怒っていたとしても、ゆっくりと考えてから何かを言ったり、したりすることは十分にできます。

ここであなたに覚えてほしいことがあります。それは「6秒ルール」です。

6秒ルールとは、どんなに怒ったとしても、とにかく6秒待ってからでないと何も言ってはいけないし、してはいけないルールです。

なぜ6秒待つのかと言えば、人の脳《のう》は怒ってから6秒程度で理性が働くと考えられているからです。

つまり、理性が働く前に何か言ったりすることは、感情のままに反射的に動くことになるので、どうしても後悔するような言動をしてしまいやすいのです。

勘違《かんちが》いしてほしくないのは、6秒たったら怒りがなくなるわけでも消えるわけでもありません。また、6秒待ったのだから何を言ってもいいということでもありません。

では、どうやって6秒待てばいいかです。なれてくれば6秒待つのは簡単になるのですが、最初はアンガーマネジメントのテクニックを利用して待ってみましょう。

次から、怒ったときは怒りの温度を10段階で考えてみましょう。0度をおだやかな状態、10度を人生最大の怒りだとして、いったい今はどれくらいの強さで怒っているのか温度をつけてみるのです。この怒りの温度を考えることで6秒待てるようになります。

はじめは、自分の怒りの温度がどれくらいなのか、よくわからなかったりします。でも、続けているうちに、この怒りはこれくらいかなとわかるようになります。**怒りのあつかいがむずかしいのは、目に見えないことも一つの理由です。温度をつけることで、目に見える形にしてあつかいやすくする目的もあります。**

最後に、6秒ルールについてよく聞かれるのが、ケンカしているときに6秒も待てない、そんなことしたら言い負かされちゃうというものです。

6秒ルールは、ケンカに勝つためにするものではありません。あくまでも理性を働かせて冷静になるための6秒です。

反射をしないための「6秒ルール」。

「やりたいこと」が見つからない!

一度きりの人生、多くの人が、どうせならやりたいこと、好きなことを思いきりやりたいと思っているのに、やりたいことが見つからないと、なやむ人はとても多いです。

むしろ、やりたいことがさっと見つかる人のほうが少ないかもしれません。

もしあなたが今、とてもやりたいことがあるのであれば、それは大きな幸運にめぐまれていると言ってもいいでしょう。


なぜ、やりたいことが見つからないのでしょうか。それは、自分の心からうれしい、楽しい気持ちが、いつ生まれるのか理解していないからです。

自分が心からうれしい、楽しいと思えることがわかっているのであれば、それをすればいいのです。でも、それが何なのか今一つよくわからないので、何をしてよいのかわからないと思っています。

ではどうすれば、心からうれしい、楽しい、それをすることで充実感《じゅうじつかん》を得《え》られるものを見つけることができるのでしょうか。

そのために必要なことは、自分を理解することです。

私たちは、他人の気持ちを理解しなさいとは教わりますが、自分のことを理解しなさいとは意外と教わりません。

他人の気持ちを理解しなさいと言われるのは、相手の気持ちを理解することで、思いやりを持ちなさいという意味です。

相手の気持ちを理解することで思いやりが持てるのですから、自分の気持ちを理解することは、自分に対する思いやりを持てることにつながります。

学校でも家庭でも、自己理解のために何をすればいいのか、具体的に教わることはあまりありません。

でも、自己理解ができなければ、自分が何をしたいのか、どこへ行きたいのか、人生を歩む上でとても大切なことがわからないのです。

あなたには、自己理解を進めるためにしてほしいことがあります。それは、本書でもくり返しお伝えしている「日記をつける」ことです。

日記は、その日あった出来事などを書くのが一般的《いっぱんてき》ですが、出来事よりも、その日何を考えていたのか、どういう気持ちだったのかを書いてほしいのです。

今日は学校に行って、勉強し、友だちとおしゃべりして、家に帰ってきただけで、とくに日記に書くようなことはないと思えるような日だったとしても、1日の中でいろいろなことを考えたり、気持ちになったりしています。

出来事、考え、気持ちはセットです。

ある出来事があったとして、あなたはそのことについて考えます。

そして、その考えたことでうれしい、悲しい、怒り、さびしい、不安といった気持ちになります。

出来事は昨日起きたこと、ずっと前にあったこと、今目の前で起きていること、未来に起こりそうな出来事、別の場所であったこと、今いる場所で起きたことといったように、時間や場所は関係ありません。

考えたこと、気持ちを記録し続けることで、あなたが本当のところ何をしたいのか、どこへ行きたいと思っているのか、何をしたら満足感を得られるのかが見えてきます。数日記録したからといって、簡単に見つかるようなものではありませんが、記録しなければ見つけることはできません。**2、3か月は、記録を取り続けてみてください。**

きっと、自分のことをもっと理解できるようになり、自分が望むことが見つかるでしょう。

自分の考え、気持ちを記録していこう。やりたいことが自然と見つかる。

思ったように成績《せいせき》が上がらずイライラする

勉強でもスポーツでも習い事でも、自分が真剣《しんけん》に取り組めば取り組むほど、うまくなりたい、成績《せいせき》を上げたいと思うものです。

そんなとき、自分が思っているような結果が出なければ、そのことにストレスも感じれば、場合によっては嫌気《いやけ》がさしてしまい、ひどい場合にはそれをやめてしまいたいとも思うでしょう。

「思ったように」と思っているからには、あなたには求めている理想のゴールがあるはずです。

もし今、理想のゴールが明確ではなくて、なんとなくうまくいかないと思っているのであれば、まず、あなたがしなければいけないことは、理想のゴールがどのような状態なのか、具体的にすることです。

では理想の状態、ゴールを10段階の10としましょう。思ったように成績が上がっていない今は、10段階のうちのどの段階にあるでしょうか。

仮に、今が10段階のうちの6だったとしましょう。ここで考えることは、6から10になる方法ではありません。**まず考えることは、7はどういう状態か、8は、9は、10の理想の状態はどういう状態かを設定《せってい》することです。**

そして、次に考えることは6を10にする方法ではありません。6を7に上げるための方法です。

7と6のあいだには、どのようなギャップがあるでしょうか。何をすれば、あるいは何があれば、6を7に上げることができるでしょうか。

次に考えることは、6から7に上げるために必要なことの中で、あなたが取り組みやすいこと、苦手なことを整理してください。

そして実際《じっさい》に行動に移すわけですが、あなたが真っ先に取り組むのは、あなたが取り組みやすいと思っていることとです。

苦手なことは、後回しでかまいません。大事なことは、小さなギャップを一つ一つ得意なこと、できることでうめていくことです。

この方法を「スモールステップ」と言います。物事を改善《かいぜん》したいとき、スモールステップはよく使われます。

なぜ、スモールステップが使われるかと言えば、一つ一つの行動は小さいものの、確実に前に進むことができるからです。

ゴールに一気に行ける方法を考えることも大事です。それは頭のトレーニングとして、その方法を考えることは賛成です。

ただ、その方法は、ウルトラCのようなむずかしい方法です。現実的に本当にできるのかと言われれば、そうでないことが多いでしょう。

「塵《ちり》も積《つ》もれば山となる」という言葉があるように、小さなことの積み重ねは、思っているよりも大きな成果を上げることができます。

地道にコツコツと努力を重ねることは、一見するとタイパ（タイムパフォーマンス）がよいようには見えませんが、じつはそれが一番の近道であることはよくあります。

苦手なことは後回しでかまわないと書きましたが、どうしてもそれをクリアできなければ、それはもう無視《むし》してしまってもＯＫです。

ゴールに行く道は一つではありません。
いろいろな道順でゴールに着くことはできます。
その場合、あなたが苦手としていることをやらなかったとしても、ゴールに行ける道順を見つければいいのです。

「理想のゴール」を明確にし、スモールステップを設計して取り組もう。

自分の見た目が気になる……どうにかしたい

大人になると見た目、つまり容姿《ようし》の良《よ》し悪《あ》しはあまり重要ではなくなります。ですが、そうなるまではかっこいいこと、かわいいこと、きれいなこと、スタイルがいいことなどは、とても大事だし気になります。

大人になると、とくに結婚《けっこん》した後では、なぜ容姿の良し悪しがあまり重要ではなくなるのかと言えば、それはパートナーを見つけたからです。また、容姿以外に大切なものが、いろいろと理解できるようになるからです。

あなたが、**容姿のことで気になるようになったのは、それは異性《いせい》を気にするようになったから**です。

私たちは人間ですが、人間である前に動物です。動物にとって、異性からモテることはとても大切です。

それは、モテることでパートナーが見つかり、パートナーを見つけることで、子孫を残せる確率《かくりつ》が高くなるからです。

子孫を残すことは、動物が本能的《ほんのうてき》に求めることです。

人間は、動物よりも複雑《ふくざつ》な社会をつくり上げたので、必ずしもだれもが子孫を残すことを求めているわけではありません。ですが本能として、異性からモテたいとは、動物の本能の名残《なごり》としてそなわっています。

たとえば、鳥であれば、異性から人気があるのは、羽の色や形がきれいな鳥や、鳴き声が美しい鳥です。あるいは、求愛ダンスがうまい鳥がモテます。

人間で言えば、ファッションが決まっていて、歌とダンスがうまい人はモテます。人気のあるグループはファッション、歌、ダンスのどれもが洗練《せんれん》されています。

実際、アイドルと言われるような人たちは、これらをみがくために、ふだんからメイクを研究し、歌やダンスのレッスンをして努力を欠かしません。

あなたが自分の容姿が気になり、その気持ちを解消《かいしょう》するためにメイク、ファッションなどに興味《きょうみ》を持つことは、あなたの年代であれば自然なことですし、理解できます。

ただ、このことを覚えておいてほしいのです。**容姿で異性からモテる期間は、あなたが思うほど長くはないし、長い人生の中では容姿の良し悪しはそこまで重要にはなりません。**

あなたにとって、自分の容姿の問題は今すごく大切だとは思いますが、そのことに必要以上に時間をかけてほしくないのです。

なぜなら、あなたが成長するにつれて、容姿よりも求めるものがほかに出てきます。あなたがそうであるように、ほかの人も容姿以外のものをより求めるようになります。それは内面です。

つまり、あなたが何を考えているのか、何を大切にしているのか、何をしようとしているのか、これまでにどのような成功や失敗をしてきたのか、人としてどのように成長してきたのか、これからどう成長していこうとしているのか、といったことです。

人は美術品ではありません。アート作品のように、ながめていれば満足することはないのです。

だれかと一緒《いっしょ》にいること、それはその人との関係をつくることでもあります。人間関係をつくるときは、内面のほうが外見よりもはるかに大切です。

容姿に不満を持つのは仕方ないが、長い人生ではもっと大切なことが出てくる。

異性と仲良くなれない、仲良く話せなくなった

あなたが異性と仲良くなれない、あるいは仲良く話せなくなったと感じるようになるのは、自分の容姿が気になったり、満足できなくなるのと同じタイミングではないでしょうか。

異性にモテたいがために、容姿が気になり始めるのに、その一方で異性と仲良くなれない、仲良く話せなくなるのは、矛盾《むじゅん》しているように思えます。

あなたは、異性と仲良くなりたいから、モテる容姿になりたいと思っているわけでしょう。

ただ、満足できる容姿になったとして、実際にモテるようになったとしても、異性と仲良くなれないのであれば、あまり意味がなくなってしまいます。

なぜなら、失敗したくないからです。失敗するとは、恋愛対象《れんあいたいしょう》の相手に告白をして、フラれることではありません。

友だちレベルのつき合いであったとしても、嫌《きら》われたり、ウザく感じられたり、変な人と思われたり、距離《きょり》を置かれたりすることが失敗と思えます。

英語でよく使われる表現に〝once bitten twice shy〟（一度かまれると二度目は臆病《おくびょう》になる）があります。あなたはまだ一度もかまれていませんが、すでに臆病になっているのです。


大人になる中で、思いどおりにいかないことを受け入れることは、少しずつできるようになっていくのですが、あなたにはまだその準備《じゅんび》ができていません。

思いどおりにならないことは、これから生きていく中でたくさん出てきます。思いどおりにならないことを一つ一つ経験《けいけん》するたびに、時にはとてもくやしい思いをすることもありますが、そういうこともあると思えるようになってきます。

すべてのことが思いどおりになる人生なんてないからです。
あなたは、それを「あきらめる」ことなのかと思い「あきらめていいのか？」と思うかもしれません。

一般的には「あきらめる」とは、マイナスな意味合いで使われますが、本来の意味は「明らかにする」からきています。

「明らかにする」とは、もともとは仏教《ぶっきょう》用語なのですが、その意味は、できること、できないことの理由を明らかにすることです。

できること、できないことの理由を明らかにした上で、それに一生懸命《いっしょうけんめい》に取り組むか、逆にもう手を放してしまおうかと考えます。

あなたは異性との関係で、何をおそれているのでしょうか。おそらくは、相手からどう思われるのかがとても気になっているのだと思います。

もしそうであれば、あなたはあなたがどう考えるか、どう思うか、どう行動するかよりも、相手があなたのことをどう思うか、評価《ひょうか》するかのほうが大事になってしまっています。

つまり、あなたの人生はあなたが優先《ゆうせん》ではなく、ほかのだれかの意見、評価が優先になっています。

それはあなたが望むことでしょうか。だれかの評価のために、あなたは生きているのでしょうか。

あなたがおそれなければいけないことは、相手との関係ではなく、あなたが自分自身で考えることや、行動できなくなることです。

他人にどう思われるかではなく、自分がどう思うかを優先しよう。

自分に自信がない。どうすれば自信がつく？

人の長所は短所にもなれば、短所も長所になります。長所と短所はコインの表と裏のように、切っても切れない関係です。

あなたは、自分に自信がないことを、短所のように感じているかもしれません。ですが**自信がないことは、自信過剰《かじょう》にならずにすむ長所**にもなりえます。

自信過剰ではないので、慎重《しんちょう》にていねいに物事を進めますから、とんでもない間違《まちが》いをしなくなりますし、間違える確率そのものをへらせます。

慎重であるので、物事をよく観察します。

よく観察するので、ほかの人が気づかないことに気づけたり、小さな事柄《ことがら》を見過《みす》ごさずにすんだりします。そうやって物事を観察できることは大きな長所です。

自分に自信がある人は自信過剰になり、自分は大丈夫《だいじょうぶ》という思いこみから、思いがけないワナにはまってしまうことだってあります。

もちろん、自分に自信を持つことも悪いことではありません。ただ、自信過剰になり、過信《かしん》をしないことです。

一般的に言えば、自分に自信を持つことがよいことのように思われています。しかしじつは、自分に自信があること、ないことは、どちらのほうがよくて、どちらのほうが悪いではないのです。

大事なことは、自分に自信がないのであれば、それを自覚し、自信がないなりに物事に取り組むことです。そうすることで、不要なエラーを起こさずにすみます。

逆に自信があるのであれば、その自信から無謀《むぼう》にならないように気をつけることです。

勇気があることと、無謀であることはまったく違います。

そもそも、自信を持っている人とそうでない人の違《ちが》いは、どこにあるのでしょうか。

自信とは、文字どおり自分を信じることです。

なぜ自分を信じられているのかと言えば、自分がしてきたことでうまくいったと感じる回数が多いからです。

言いかえれば、成功体験の回数が多い人は自分に自信を持ちます。成功体験を積み重ねることで、次もきっとうまくいくと思えるようになるからです。

スポーツや楽器などで練習が大切なのは、技術《ぎじゅつ》をみがくためでもありますが、練習でうまくいく成功体験を持っておくことで、本番でもうまくいくイメージができるようになることとも言われています。

あなたに自信がないのは、成功体験が少ないからかもしれません。もしくは、成功しているのですが、それを成功とは思っていないのかもしれません。

あなたの毎日は、じつは小さな成功であふれています。そのことに気づきましょう。

あなたが朝、学校に行く時間に起きられたことは、もう成功です。

なぜなら世の中には、時間どおりに起きられなかった人もいるからです。朝ご飯を食べられたことも、学校に行けたことも、友だちと話せたことも、宿題をしたことも、塾《じゅく》に行ったことも、家のお手伝いをしたことも、すべてが成功の集まりなのです。

あなたは、あなたが毎日当たり前にやっていることなんて、成功とは言えないと思うかもしれません。ですが、**成功しているから、毎日あなたは生きている**のです。

今日からできたことを、1日3つ書き出してみましょう。どんな小さなことでもかまいません。あなたが毎日つける成功の記録は、あなたに自信を持たせてくれるでしょう。

自信を持ちたいなら、1日3つうまくいったことを記録してみて。

あきっぽくて、何をやっても長続きしない

「石の上にも三年」ということわざがあります。これは我慢強く耐《た》え忍《しの》べば、必ず成功するという意味です。

以前は、何か一つのことに時間をかけて打ちこみ、つらいことにも耐えながらがんばるのがよいことのように思われていました。

たとえば、寿《す》司《し》職《しょく》人《にん》であれば師《し》匠《しょう》の下で、最初の10年はご飯の炊《た》き方だけを学び、実際にお寿司がにぎれるようになるのは、そのずっと先といった感じです。

しかし、今はタイパという言葉が生まれたように、時間の効率《こうりつ》を重視《じゅうし》する考え方も広まっています。

一つのことをやりとげる考え方は古くて、今は通用しないとは思いません。

でも、一つのことに打ち込むことの大切さは、長い人生のどこかのタイミングで実感することがあります。

たとえば、私であれば大人になってから、ある資格《しかく》を取りたくて勉強をしました。その資格を取るために約3年かかりましたが、その3年間は受験勉強のときでもしなかったくらい勉強をしました。

それは今から20年以上も前のことですが、その3年間、必死に勉強したことの経験は、今でも役に立っていると実感しています。

その一方で、その3年間ほかのことに取り組んでいたら、もしかしたら別の人生があったかもしれないと思うこともあります。

何かが長続きしないということは、悪く言えばあきっぽいことですが、反面、多くのことにチャレンジできる回数がふえることにもなります。

あきっぽさは裏を返せば、次から次へといろいろなことにチャレンジしたくなる長所とも言えるのです。

人生は何があるかわかりません。できるかぎり多くのことにチャレンジしておくことが、人生の選択肢《せんたくし》を広げてくれます。

サッカーにチャレンジしてうまくいかなかったとして、バスケットボールに切りかえたらうまくいくことだってあります。

自分は苦手と思うことに挑戦《ちょうせん》してみたら、意外なことに得意になってしまうことだってあります。

逆に、得意だったことが、その後のびなやんでしまうこともあります。それもこれも、数多くいろいろなことに取り組んでみなければわかりません。

いろいろなことに挑戦するのはとてもよいことですが、ここで一つだけ注意をしてください。

それは、**一つのことをやめるにしても、どれくらいまでやったら、どういうことになったらやめるのか、その基準《きじゅん》をつくっておくこと**です。

なんとなくあきたから、続けたくなくなったからやめるだと、何のためにそれをやったのか、そこから何を得ることができたのか、わからないままに終わってしまいます。

それはあまりにももったいないです。

なぜもったいないかと言えば、そこで手に入れた知識《ちしき》や経験を、次に活かす気持ちがうすくなってしまいますし、実際に活かすことができないからです。

何かにあきて次に行くことは、人生の選択肢をふやす意味で大歓迎《だいかんげい》です。ただ、もし次に行くのなら、ここでの経験をどう活かそうかという目線は、いつも持っていてください。

あきっぽさも長所。ただし、やめるにしてもゴールを決めてから。

「過《か》去《こ》のこと」が気になってしまう

人には、がんばればできることと、どうがんばってもできないことがあります。才能があるとかないとか、努力するとかしないとか、運があるとかないとか関係なく、絶対《ぜったい》にできないことの一つが、過《か》去《こ》の出来事を変えることです。

過去に起きた出来事は、どうやっても変えることはできません。マンガや映画の世界では、タイムマシンに乗って、過去の出来事を自分の都合のいいように書きかえてしまうなんてこともできますが、現実《げんじつ》の世界ではそれは起きません。

ここであえて「過去の出来事は変えられない」と書いたのは、起きたことそのものは変えることはできませんが、その出来事の見方は変えることができるからです。

たとえば、テストで失敗をしてしまった、スポーツでミスをしてしまった……その出来事は変えることはできません。

実際に悪い点を取ってしまったり、ふだんならしないようなミスをしてしまったりといったことです。

でも、その出来事の見方を変えることで、その出来事があったことの意味を変えることはできます。

あなたは今、過去の失敗を後悔しています。

「なんであんなことをしてしまったのだろう」「どうしてもっとうまくできなかったのだろう」といった具合にです。

でも、その出来事を後悔しているだけでは、これから何もよいことは起こりません。ただくやしいという思いを、ずっとかみしめたり、自分のことがイヤになったりするだけです。

そうではなく、過去の失敗を、これからの未来にプラスになるものとして、見方を変えてみるのです。

テストで悪い点を取ったのであれば、スポーツでミスをしたのであれば、それは自分の不得意とするところ、ミスの傾向《けいこう》がわかったと言えます。

その不得意を克服《こくふく》するためのステップ、ミスをくり返さないための実験と思い、次に活かそうとすれば、過去の失敗は失敗ではなくなります。

よく「失敗は成功の元」と言いますが、私は失敗なんて、そもそもないと思っています。あるのは成功のためのステップです。

そのステップをふむことで、成功へ向かうことができるのです。

大谷翔平《おおたにしょうへい》選手は、だれもが認《みと》めるプロ野球選手としてのスーパースターです。では、大谷選手が三振《さんしん》をした打席は失敗だったのでしょうか。

打率《だりつ》で言えば、3割前後です。つまり7割くらいの打席はヒットを打っていないのです。全部の打席が100点にはなりません。それらは野球選手として成功するためのステップでしかないのです。

あなたは過去の失敗を思い出して、くやしい思いや、はずかしい思いをしているのだと思います。でも、それは今のあなたにとって必要なステップだったのです。

今あなたが失敗と思っていることで、人生がうまくいかなくなるようなことはありません。むしろ、その経験がこれから活きてくるのです。過去の失敗や経験から学び、次へとつなげられるようになることが、今のあなたに必要なことです。

過去は変えられないが、見方を意味のあるものに変えることはできる。

第5章

自分の気持ちを理解《りかい》するのは何のため？

アンガーマネジメントって何のためにやるの？

自分は、別に怒《おこ》りっぽくないし、アンガーマネジメントなんてやる必要ないと思う人もいるでしょう。

ですが、アンガーマネジメントは、だれにも必要とはっきりと言えます。

以前「アンガーマネジメントは、怒らなくなることではなく、怒る必要のあることと、ないことを分けられるようになること」と書きました。

それもアンガーマネジメントの一つの目的ではあるのですが、**アンガーマネジメントの一番の目的は、自己理解《じこりかい》を深めること**です。

アンガーマネジメントは、怒《いか》りのあつかいが専門《せんもん》ですが、怒りだけではなく、うれしい、楽しい、悲しいといったほかのあらゆる感情《かんじょう》についてもあつかいます。

アンガーマネジメントでは、怒りだけをあつかうわけではないのです。

なぜ、怒りを中心にあつかうのかと言えば、怒りは大切なものを守るための感情なので、自分にとって何が大切なのかを理解する上で、最初に考えなければいけない感情だからです。

ただ、私たちにはいろいろな感情があります。怒りだけをあつかえば自分のことが理解できるかと言えば、そうではありません。自分のことを理解するためにも、怒り以外の感情についても理解を深めるのです。

だから、怒りっぽい人も、怒りっぽくない人も、あるいは怒れない人であっても、アンガーマネジメントをやる意味があるのです。

私は、よく「アンガーマネジメントをして何がよかったですか？」と聞かれます。その際《さい》、自分の人生に集中できるようになったこと、と真《ま》っ先《さき》に答えています。

自分の人生に集中できるようになったとは、どういうことかと言えば、自分が心から望むこと、したくないことが本当の意味でわかっているので、自分が望むことに全力で情熱をかたむけることができています。

また、自分がしたくないこと、イヤなこともわかっているので、そうしたことには関わりません。

私に言わせると、多くの人は、本当は関わらなくていいことに関わって、時間と労力をムダに使っています。**そんなムダなことにかまっていないで、かぎられた人生の時間を、もっと自分のために使えばいい**のにと思います。

人生にムダなことなんてない、あるいはムダなことが人生をゆたかにすると考える人もいます。ですが私は、自分が心から関わりたいと思うものだけに関わったほうがいいと思っています。

イライラしているときやムカついているときは、自分がやりたいことに集中ができません。どうしても、怒ることになった原因《げんいん》に意識《いしき》が向いてしまい、今目の前のことに取り組む気持ちがうすれてしまいます。

そんなときは、自分の力を存分《ぞんぶん》に発揮《はっき》することはできません。怒りに負けてしまうと、そんなもったいないことが起きてしまうのです。

アンガーマネジメントにどんなに取り組んだとしても、怒りはなくなりません。でも、怒りに負けて自暴自棄《じぼうじき》になることもなければ、選択《せんたく》を間違《まちが》うことも少なくなります。

なぜなら、**自分が本当に何をしたいのか、どこへ行きたいのかを深く理解しているので、自分を見失うことがない**からです。

自分の人生は自分のものです。自分を見失ったら、それはもう自分の人生ではありません。自分を理解するために、アンガーマネジメントに取り組みましょう。

自分を理解するために取り組むのがアンガーマネジメント。

怒ることは、はずかしいことではありません

怒ることを、はずかしいと思っている人がいます。

そういう人は、自分の感情を表に出すことはよくないとか、感情が大きく動くところを見せるのは望ましいことではないと思っているようです。

あなたは怒ることを、はずかしいと思っているでしょうか。あるいは、悲しいとき、人前で泣くことはできるでしょうか。ものすごくうれしいとき、人目を気にせず思いきり感情を爆発《ばくはつ》させて大喜びすることができるでしょうか。

私たちは「素直《すなお》になりなさい」と、小さいころから教わります。間違っても「ひねくれて育ちなさい」なんてことは言われません。

なぜ素直でいることがよいかと言えば、大人になる中で、素直な人は人から好かれ、信頼《しんらい》を置かれ、人間関係で苦労しないことを経験的《けいけんてき》に知っているからです。

ですが小さいころ、スーパーやコンビニで買ってほしいお菓子《かし》が欲しくて、ダダをこねたり、癇癪《かんしゃく》を起こしたりすると「そんなことで怒るんじゃない」と親から怒られることがよくありました。

あなたが怒ると「人が見ていてはずかしいからやめなさい」と怒られることがよくあったのではないでしょうか。

私たちは、ふだんは「素直になりなさい」と言われているにもかかわらず、自分の感情（とくに怒り）を素直に表現《ひょうげん》すると、親からは怒られる矛盾《むじゅん》を、何度もくり返し経験しました。

そんな経験をしているうちに、いつの間にか自分の感情を表に出すのはよくないこと、求められていないこと、はずかしいことと思うようになっています。

つまり、自分の感情を表に出すこと、人からそれを見られることは、はずかしいという思いこみができあがっています。

第1章の19ページで紹介《しょうかい》したように、怒ることは大切なことです。

怒ることはあなたにとって、何が大切かを知ることになりますし、その大切なものが、あぶない目にあうようであれば、怒ることでそれを守らなければいけません。

もっと自分の気持ちに素直になりましょう。あなたが自分の気持ちを表現することは、あなたの人生をゆたかにするためにも必要なことです。

あなたが楽しい、うれしい気持ちに素直になることは、あなたがやりたい、熱中したいと思うことに取り組めるチャンスです。

逆に、その気持ちをおさえてしまったら、やりたいことができないと、くやむことになります。あなたが苦しい、モヤモヤする気持ちにふたをしてしまったら、そこから逃《に》げられず、ずっと苦しいことを無理やりさせられていると思い続けます。

そうなれば、自分の人生は苦しいものとしか思えなくなってしまいます。

あなたが自分の気持ちを隠《かく》してしまうと、まわりからはあなたが何を考えているのか、何を思っているのかわからなくなります。

まわりからすれば、気持ちのわからない人は理解ができない相手です。理解ができないので、どう関わってよいのかわからない相手となり、つき合いにくいのです。

自分の気持ちに素直になり、その気持ちを表現することは、あなただけではなく、じつはまわりの人のためにもなるのです。

自分の気持ちを素直に表現しよう。それが人から好かれるコツ。

自分の気持ちはどう表現したらいいの？

先ほど「自分の気持ちを素直に表現しよう」と書きました。

では、その気持ちはどうやって表現すればいいのでしょうか。

いくら自分の気持ちを素直に表現したほうがいいからといって、怒ったときにまわりに当たり散らすようなことはしてはいけないですし、ムカつくからと、まわりの人たちの気分を悪くさせるふてくされ方をすることもよくありません。

では、どういう気持ちの表現の仕方がいいのでしょうか。自分の気持ちを表現するときに、次の質問を思い出してください。

「自分にとって、まわりの人にとって、長い目で見たときに、健康的か？」

これはアンガーマネジメントにおける「ビッグクエスチョン（大事な質問）」とよばれるものです。

アンガーマネジメントは、怒らないことではありません。怒る必要のあることは上手に怒れ、怒る必要のないものは怒らなくてすむようになることです。

ですから、自分が怒りを感じたら、それを素直に表現すればいいのですが、その表現方法にはルールがあります。

そのルールとは、自分が言おうとしていること、しようとしていることが、このビッグクエスチョンにそったものでなければいけないというものです。

このルールは、４つに分解して考えます。

まずは「自分にとって」です。

自分にとっては、その表現する方法が、自分を責《せ》めるようなものであったり、自分を傷《きず》つけたりするようなものであってはいけないのです。

たとえば、自分の中にため込むこと、気持ちをおし殺《ころ》すことなどは自分を責めることになり、自分を傷つけます。また大声を出すこと、モノに当たることなどは、攻撃性《こうげきせい》を強めるだけなので、いいことはありません。

次に「まわりの人にとって」です。

あなたが、怒りをそのままだれかにぶつけたら、それは相手への攻撃になります。相手はそのことによって傷つきます。

また、先ほど書いたように、露骨《ろこつ》にふてくされた態度《たいど》などをとれば、まわりの雰囲気《ふんいき》を悪くします。これも、まわりの人たちにとっていいことではありません。

「長い目で見たときに」は、その場だけのことではなく、ずっと先の影響《えいきょう》のことまでを考えようということです。**自分の中にため込むことは自分への攻撃で、人に当たることは人への攻撃です。モノに当たることも、決してよい選択肢《せんたくし》ではありません。**

こうした行為《こうい》は、その場はなぜかうまくおさまったように見えることがあるかもしれませんが、長い目で見れば何もよいことはないのです。

「健康的か」は少し英語的な言い方かもしれません。もともとの英語はヘルシーなのですが、プラスなものか、ポジティブなものかと置きかえてもよいでしょう。

改めてまとめると、**あなたが怒りを表現するとき、その表現方法はあなた自身を責めるものではなく、まわりの人に当たることもなく、長い目で見たときにプラスな表現になっているか**になります。

あなたが怒らなくなることはありません。怒りを感じることは、まったく問題ではありませんし、悪いことでもないのです。ただ、その怒りを感じたとき、それをどう表現するか、その方法を覚えておいてください。

気持ちを表現するときは「ビッグクエスチョンのルール」を思い出そう。

どうしても「こだわり」を捨てられない

何かにこだわることは、とてもよいことです。

スポーツであれば、練習方法《れんしゅうほうほう》にこだわることで、高いパフォーマンスを発揮することもあります。

ファッションにこだわることで、個性《こせい》を主張《しゅちょう》することもできます。

自分なりのこだわりを持つことは、自分のルールをつくるようなものです。自分のルールがあれば、何かにまようことも少なくなり、物事を決断《けつだん》することも比較的簡単《ひかくてきかんたん》になります。

なぜなら、自分のルールにそって決めればいいので、ルールがない人、あいまいな人よりも基準《きじゅん》が明確《めいかく》になるからです。

これは、こだわりが強いことのメリットの一つです。

一方で、自分なりのこだわりが強いことは、融通《ゆうづう》がききづらくなるデメリットもあります。

融通がきかなくなると、その場その場に応じて臨機応変《りんきおうへん》に対応することが苦手になったり、人の話を素直に受け入れることがむずかしくなったりします。

こだわりを持つことはよいことの一方で、こだわりが強すぎると自分をかえって窮屈《きゅうくつ》にしてしまいます。

たとえば、あなたが勉強のときに使う参考書は、特定のものでなければイヤだというこだわりがあったとします。

その参考書があるときは、とても効率的《こうりつてき》に勉強することができますが、その参考書が手元にないと、あなたは勉強したくなくなってしまいます。

もしくは、勉強のパフォーマンスを上げることができません。

勉強するときのこだわりの場所、時間帯などもあるかもしれません。その場所が使えないとき、その時間帯にできないとき、やはりあなたは勉強の効率を上げることができません。

こだわりが強いと、イレギュラーに対応できなくなってしまうのです。

いつでもどこでも、自分のこだわったとおりにできればよいのですが、そうはならないこともよくあります。そんなとき、**こだわりが強すぎることは、じつは大きなハンデになってしまう**のです。

だからといって「全部のこだわりを捨《す》てましょう」ではありません。あなたのこだわりは、あなたの個性なので、あなたの個性が悪いことはありません。

ただ、それにこだわりすぎることで、かえって不便になったり、大きなハンデになったりするようなら、そのこだわりは少しゆるくしたほうがいいでしょう。

では、どうすればこだわりをゆるめることができるでしょうか。

こだわりをゆるめるための魔法《まほう》の言葉があります。

それは「せめて」です。


こだわりをゆるめたいときは、この言葉を使ってください。

先ほどの参考書の例であれば、せめてテキストがあればいいかと思うことです。そう思えれば、その参考書がなくても、勉強に大きな影響は出なくなります。

「せめて」は「少なくとも」「最低限」といった言葉にも置きかえることができます。

これらの言葉は、あなたがゆるせる最大の範囲《はんい》を表す言葉です。

こだわりとは、ゆるせる範囲がせまいことなのですが、どれくらいならゆるせるかを考えることで、こだわりをゆるめることができます。

ゆるせる範囲を広げることができれば、まあそれくらいはいいかと余裕《よゆう》を持つことができるようになります。


こだわりも、時にはゆるめよう。その際に使う魔法の言葉は「せめて」。

なぜ「あの人」は思うように動いてくれないの？

相手を自分の思うように動かしたい、相手には自分の思うような人であってほしいとは、じつは多くの人が思うことです。

本屋さんに行けば、相手の心をコントロールする方法といった、少しあやしい本もならんでいます。

そういう本が何冊もあるのは、人をコントロールしたい、意のままにあやつりたいと思っている人が多い証拠《しょうこ》でしょう。

人をコントロールしたいと思っている人が、わすれていることがあります。

それは、もし人をコントロールする方法があるなら、自分もだれかにコントロールされてしまうことです。

自分は相手をコントロールしたいけど、自分はだれからもコントロールなんてされたくないなんて、そんな都合のいいことにはなりません。

だれかをコントロールする方法なんて、あったら困《こま》ります。そんな方法はあってはいけないですが、そもそもこの世の中にそんな魔法のような方法はありません。

相手にこうあってほしい、こうしてほしい、こうなってほしいと期待《きたい》することは悪いことではありません。期待するとは、相手のことを思ってのことなので、悪いどころかよいことです。

では、どれくらい相手に期待すればいいのでしょうか。あるいは、相手には期待しないほうがいいのでしょうか。

相手に期待しなければ、思いどおりにならなかったとき、ガッカリしなくてすみます。思いどおりに動いてくれなかったときに、裏切《うらぎ》られたなんて思いもしなくてすみます。

相手にどれくらい期待をしていいのか答えはないのですが、ただ一つわかっていることがあります。それは、自分の期待は自分のものでしかなく、相手はあなたの期待に応《こた》える義務《ぎむ》はありません。

自分が期待をし、相手もその期待に応えると、約束し合っていたとしてもです。

それでも、あなたの期待はあなたのものでしかありません。なぜなら、あなたの期待はあなたの理想であって、相手の理想ではないからです。

ここでも「べき」が登場します。あなたが相手に期待をするとき、相手はこうするべき、こうであるべきと「べき」を使っています。「べき」はあなたの理想を表す言葉です。つまり、あなたがだれかに期待するとき、それは少なからず相手に自分の理想をおしつけています。

あなたが相手に、自分の理想をおしつける自由があるのと同時に、相手はあなたの理想に応える自由も応えない自由もあるのです。

逆に、だれかがあなたに期待をしたとして、あなたはその期待に応える自由もあれば、応えない自由もあります。

では、だからといっておたがいに相手に期待しなくていいのかと言えば、そうではありません。おたがいに過度《かど》な期待は関係を悪くするだけですが、適度《てきど》な期待をおたがいにすることは、よりよい関係をきずくことになります。

たとえば、お父さん、お母さんを見たとき、おたがいに何も期待していなければ、夫婦《ふうふ》としての関係はよいとは言えません。

でも、お父さんはお母さんに、お母さんはお父さんにこうしてほしいという期待を、おたがい苦痛《くつう》にならないくらいにしていたとします。すると、おたがいが期待に応えて、もっとよい関係になろうと努力します。

おたがいに「それくらいならがんばろう」と思える期待をかけ合うことは、おたがいのためになるのです。

「おたがいにがんばろう」と思える期待は、関係をよくする。

世の中「白か黒か」ではありません

あなたは好き、嫌《きら》いがはっきりしているほうでしょうか。

だれかに「どっちのほうが好き？」と聞かれたら、すぐに「こっちのほうが好き」と答えられるタイプでしょうか。

それとも、まよって答えられないタイプでしょうか。


好き嫌いを、はっきり言えるのはよいことです。好き嫌いがはっきりと言える人は、自分の考え、意見が明確な証拠です。親や先生にも「意見がはっきりしていていい」「それは長所だ」とほめられるでしょう。

好きか嫌いか、白か黒か、善《ぜん》か悪か、敵《てき》か味方か、右か左か、０か１かといった具合に、どちらかはっきりと言えるのは、一般的《いっぱんてき》にはよいことですが、そう考えるだけでは落とし穴があることも知っておいてください。

なぜなら、**好きか嫌いか、白か黒かといったものは、一つの見方でしかない**からです。

仮に、あなたと意見や考え方が正反対の相手（Aさん）がいるとします。あなたが右に行きたいと言えば、相手は左のほうがいいと言ってくるような人です。

たとえるなら、あなたにとって、左に行こうとしている相手は敵です。逆に、右に一緒《いっしょ》に行こうとしている人は味方です。

でも、見方を変えてAさん側からすると、あなたと一緒に右に行こうとしている人は敵になり、一緒に左に行こうとしている人は味方になるのです。

世の中には、右に行くのも左に行くのもどちらでもいいと思っている人がいて、右に行きたいあなたと、左に行きたいAさんの争いを見ています。

その人にとっては、あなたもAさんも味方でもなければ敵でもないのです。

世の中にはいろいろな考え方、意見、立場があります。

それらはどれが正しくて、どれが間違っているかではありません。どれが正しいかは時代、立場、場所などによって変わります。

ただ一つ言えることは、少なくとも信じている本人にとっては、その信じていることは正しく、そしてそれを否定《ひてい》してはいけないのです。


人が何かを信じることは、その人の自由です。

その人と意見が違《ちが》うとして、その人に意見をすることや、批判《ひはん》することも自由です。

でも、それを信じていること自体を否定することや、自分と考え方や意見の違う人を排除《はいじょ》することはしてはいけません。

でも、自分と違う人は嫌いだし、一緒にいたくない。そんな人とどうやってうまくつき合えばいいのかと、疑問《ぎもん》を持つかもしれません。

その方法とは、自分と考え方、意見、立場の違う人がいることを受け入れることです。世の中にはいろいろな人がいて、いろいろな考え方があることを、ただ受け入れるのです。

これはとても簡単なことでもあり、とてもむずかしいことでもあります。

相手を受け入れることと、相手に同意することは違います。また、相手に意見を言わないこととも違います。

あなたの親や先生が生きてきた時代は「みんなで同じ考え方でいよう、違う人は問題がある」といった白黒つけるような考え方になりがちでした。

でも、あなたがこれから生きていく時代は、大前提に「みんな違ってみんないい」があります。それを受け入れられずに、自分と同じか違うかで考えると、とても生きにくくなってしまいます。

自分と違う人を受け入れることが、生きやすさにつながる。

間違ったことを正したいのにうまくいかない

物事に正しさを求めることは、とても大切です。

間違ったことがあれば正す必要がありますし、法律をやぶれば罰《ばっ》せられても仕方がありません。社会の秩序《ちつじょ》を保つためには、正義感《せいぎかん》は必要です。

世の中から正義がなくなれば、悪人がはびこり、それこそ映画やマンガの中のような荒《あ》れ果てた世界になり、一部の悪人以外はだれにとっても住みにくい社会になってしまうでしょう。

その一方で、今は「私刑《しけい》」とよばれるように、法律《ほうりつ》ではなく、個人が自分の正義感から、だれかを罰することが、とくにＳＮＳやインターネット上ではびこっています。

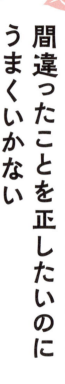

いわゆる「炎上《えんじょう》」とよばれるようなものは、ほとんどが私刑だったりします。

炎上させる人、それに加わる人、私刑をする人たちは、自分たちが間違ったことをしているとは考えていません。むしろ、正しいことをしていると思っています。傍《はた》から見たら、いくらなんでもやりすぎだろうと思えることであったとしても、それくらい強く言わなければいけない、相手がいかに間違っているかをわからせるためには、これくらいは必要とさえ信じています。

コロナ禍《か》のころ「マスク警察《けいさつ》」「自粛《じしゅく》警察」といった人たちがあらわれました。本当の警察ではない個人なのに、マスクをしていない人や県外へ移動《いどう》する人を取りしまっていたのです。

この人たちは、本当に警察に成り代わって正義を執行《しっこう》する、成敗《せいばい》してやるといったつもりだったのでしょう。

「〇〇警察」とよばれる人たちは、ほめ言葉として警察と言われていたのではなく、わけのわからない人、やりすぎた人という意味で使われていたのですが、当人たちにしてみれば、そんなことはおかまいなしでした。

それもこれも「自分は正しいことをしている」「正義を主張して何が悪いんだ？」と思っているからでした。

くり返しになりますが、正義感を持つことは、とてもよいことであり、必要なことです。

ただ、日本には法律があり、法律でさばける人や事柄《ことがら》は決まっています。

何の権限《けんげん》もない人が、個人的な感想でだれかをさばくようなことは、あってはならないのです。

ここまで大げさなことではなくとも、あなたのまわりにも、ちょっとしたマナー違反《いはん》をする人や、正しくないと思えるようなことをしている人、ズルいと思えるようなことをしている人がいると思います。

あなたは、そうしたことに対して、どこまで正義を主張したいでしょうか。

全部のことを取りしまろうとなんて思えば、あなたはずっと正しくない人を見続けなければいけなくなります。そんなことは現実的にはできません。

自分が気づいたときだけ言えばいいと思うのであれば、それはさらに問題です。

なぜなら、それはその間違ったことを正したいのではなく、自分の目に入った自分の気に入らないことを正したいと思っているだけだからです。

それは正義感ではなく、自分のわがままでしかありません。

じつは世の中の正義感の強いと言われている人は、こういう都合の悪い事実から目をそらしているのです。

「過《す》ぎたるは猶及《なおおよ》ばざるがごとし」という言葉があります。やりすぎたことは何もしていないことと同じで、よくないという意味です。

正義感がいきすぎてしまうことは、先に紹介したビッグクエスチョンのルールから外れることになります。


いきすぎた正義感は、あなたにもまわりにもプラスなものにはならない。

こんなに努力しているのにかなわない！

勉強でもスポーツでも何でも、努力はむくわれるのだから、努力をしなさいと言われるでしょう。だれもなまけていい、適当《てきとう》でいいとは教わりません。努力することは正しいですし、必要なことです。

でも、大人が教えてくれない「不都合な真実」を言えば、努力してもうまくいくとはかぎりません。

私も努力はむくわれてほしいと思っていますし、努力している人の大変さ、苦労を見ていますので、みんな努力した分だけ結果が出てほしいと思っています。

でも残念ながら、すべての努力がむくわれるわけではありません。

もし、努力が必ずむくわれるのであれば、全員が志望校《しぼうこう》に合格できます。甲子園《こうしえん》出場を目指している高校球児は、全員が甲子園に行けます。

でも、実際《じっさい》はそうではありません。不合格になる子もいれば、甲子園に出られない球児がいます。むしろ、甲子園に出られない選手のほうが多いでしょう。

それでも、あなたには、努力することは大切だと信じてほしいのです。

努力してもむくわれるとはかぎらないのに、なぜ努力する必要があるのでしょうか。

それは、努力しなければスタートラインにも立てないですし、努力することは人生のあらゆる場面で求められるからです。

大人になって仕事に就《つ》いても、努力はずっと求められます。

「自分は別に仕事は適当にして、のんびりくらしたい」と思う人にでさえ、適当に仕事をして、のんびりくらすための努力が必要です。

だれかとつき合ったり、家庭をきずいたりする上でも努力は必要なのです。

「生きることは努力すること」と言っても、言いすぎではないくらい、人生と努力は切っても切れないものです。

何の努力もせずに生きられる人なんていないでしょう。まわりから見えるか見えないかは別にして、だれしも何かしらの努力をしています。

その上で、努力は必ずむくわれると、盲目的《もうもくてき》に信じこんでしまうことのこわさを覚えておいてください。

努力は絶対にむくわれると信じている人にとって、世の中はどう映るでしょうか。その人の考える世界では、うまくいっている人は努力した人です。努力したからうまくいっているのです。

では逆に、うまくいっていない人はどういう人でしょうか。

それは努力をしなかった人です。努力をしなかったら、うまくいっていないと見えるのです。でも、その考え方でいると、さらにこう考えるようになります。幸運にめぐまれた人はよいおこないをした人で、不幸にあった人は悪いおこないをしたからだと。

人生は、そんな簡単な法則《ほうそく》では説明ができません。

うまくいかなかったからといって、本人の努力が足りなかったことにはならないですし、不幸な目にあったからといって、日ごろのおこないが悪いわけでも、その人が悪いわけでもありません。生きていれば、そういうこともあるのです。

第４章１６８ページで書いたように、自分のやりたいことを見つけ、その実現に向かって努力をすることは、何物にもかえがたい喜びをあなたにもたらしてくれます。それは、むくわれるかむくわれないか、そんなことすら気にならない努力ができるときです。

努力は必ずしもむくわれるとはかぎらない。それでも努力は必要なもの。

相手は相手。「共感づかれ」に注意しましょう

気持ちのやさしい人、人の期待に応えたいと思っている人に、気をつけてほしいことがあります。それは、相手の気持ちを理解しようと努力をして、そのことでつかれてしまうことです。

人の気持ちを理解するのは、とてもよいことです。

とくに、気持ちのやさしい人は「相手の気持ちを理解してあげたい」「気持ちを理解することが相手のためになる」と強く思います。

そのため、相手の話に共感し、共感するだけであればよいのですが、相手と同じ気持ちになります。

相手が喜んだり、うれしかったりするとき、その気持ちに共感して一緒に喜ぶのは、おたがいにハッピーになるだけなので問題ありません。

問題は、マイナスな気持ちのときです。

相手が怒っていれば、一緒になって怒り、相手が落ちこんでいれば、自分も落ちこみます。

二人で一緒にマイナスな気持ちになることは、よいこととは言えません。

マイナスな気持ちのとき、前向きに問題を解決《かいけつ》しようとはなりにくいものです。

あなたは相手のなやみに乗り、そのなやみを解決したいと思っていたのに、ただ一緒に暗くなるだけでは、何のために話を聞いたのかわかりません。

人の期待に応えたい、応えることが相手のためになると思っている人にも同じことが起こります。

相手の話を聞いたり、相談《そうだん》に乗ったりするとき、相手の期待に応えたいと思うがあまり、相手を理解しようとして自分も相手と同じ気持ちになります。

あなたが相手の気持ちを理解したい、なやみの相談に乗りたいと思うことは、相手に対して思いやりがあり、とてもすばらしいことです。そのすばらしいことを、もっと上手に活かせるように、相手の話の聞き方を覚えてください。

人は話をするとき、事実と思いこみをまぜて話をします。

たとえば、友だちがあなたに「親友が隠しごとをしていてつらい」と相談をしたとします。

すると、あなたは「それはつらいよね、その親友はよくないよね」と、友だちの言うことをそのまま受けて、同じ気持ちになります。さらには、その友だちをかばうために、その親友が悪いということまでつけ加えます。

じつは、友だちの相談の中には、事実と思いこみが隠れています。

でも、ふつうはこのことに気づきません。なぜなら、人の話の聞き方のコツを習ったことがないからです。

友だちの相談の中の思いこみは「親友が隠しごとをしていた」です。事実は「私が知らないことがあった」なのです。

友だちがつらい気持ちになっていることは事実なので、その気持ちについて「つらいよね」と共感することはいいことです。

ですが、隠しごとをしていた親友が悪いと、友だちの思いこみを事実として聞いてしまうのはよくありません。なぜなら、**事実ではないことを事実として考えたら、そもそもの話がおかしくなってしまう**からです。

人の話を聞くとき「何が事実で、何が思いこみなのだろうか」と考えてみてください。はじめは、そんなに簡単に見分けがつくようなものではないのですが、意識して考えているうちに、だんだんと区別がつくようになります。

事実と思いこみを分けて、人の話が聞けるようになると、冷静に客観的に判断《はんだん》ができるようになり、それはあなたにとって大きな武器《ぶき》となります。

人の話を聞くときは、事実と思いこみに目を向けてみよう。

だれも教えてくれない、社会に出てからうまくいく方法

学校では、社会に出てからうまくいく方法は教えてくれません。人生、社会に出てからのほうが長いのにです。

社会に出てからうまくいく方法は何かと言えば、それは偏差値《へんさち》などの数字では表せないものです。

偏差値を聞かれるのは大学入試までです。大人になって、社会に出てから偏差値を聞かれることは、まずありません。社会に出ると偏差値はないのに、どういうわけか大学に入るまでは、偏差値がとても重要視《じゅうようし》されます。

それは、偏差値の高い大学に行けば、世間的によいとされる会社で働くことができる

るからです。

可能性《かのうせい》が高く、そういう会社で働くことができれば、人生はうまくいくと考えられてい

ところが、ここにも大人が教えてくれない「不都合な真実」があります。

それは、**偏差値の高い大学に行ったからといって、人生がうまくいくとはかぎらない**ことです。

大学に行かなくても、世間的によいとされる会社で働かなくても、さらに言えばお金がなくても幸せな人はいっぱいいます。

学校にいるときは、先生から「もっと勉強しろ」と怒られ、素行不良《そこうふりょう》と言われていたような人が、大人になってから大成功したり、人格者《じんかくしゃ》として評価《ひょうか》されたりすることもよくあることです。

一方で、みんながうらやましいと思うような学歴《がくれき》で大学を卒業し、みんながあこがれるような会社で働いたとしても、自分のことを不幸だと思っている人もたくさんいます。

なぜ、そんなことが起こるのかと言えば、それは大人になってから本当の意味で幸せになる方法と、学校で教わる幸せになれそうな方法が違っていることがよくあるからです。

「自己決定権」「自己理解」という言葉を覚えていますか。

自己決定権は第2章で紹介しましたが、そこで「自分で決められることが人生の幸せに大きな影響をあたえている」ことを説明しました。自己決定権は、偏差値のような数字で表すことができません。

自己理解は第4章で解説しました。自己理解することでやりたいことが見つけられることを説明しました。自己理解を深めるためには日記を書く方法があることも紹介しましたが、どれくらい自己理解ができているかについて、学校で聞かれることはありません。

私が考える人生最大の幸運は、自己理解ができることです。

自己理解ができていれば、自分が心から望むことに情熱を燃やすことができ、人生のどんな苦難にも前向きに立ち向かうことができます。

そして、自分で自分のことを決める強い意志も持つことができます。

自己理解ができていれば、世間からどう思われているとか、どう評価されているとかは気にもなりませんし、関係ありません。

文字どおり、人生思いのままに歩むことができるのです。

もし、あなたがだれかの意見や考えにいつも影響され、ふり回されていたら、自分の人生にもかかわらず、だれかが望む人生を歩くことになります。

それでは、自分の人生は自分のものではなくなり、だれかのものになってしまうでしょう。そんな人生は、だれも望んでいません。

人生がうまくいくかどうかは、だれにもわかりません。

でも、一つ確かにわかっていることがあるとすれば、自分で何も決められない人生では、どんなに優秀《ゆうしゅう》な大学を出ようとも、立派《りっぱ》な会社で働こうとも、幸せは感じられないということです。

人生最大の幸運は、自己理解が深まること。

装丁　Isshiki（八木麻祐子）
イラスト　栗生ゑゐこ

著者プロフィール

安藤 俊介（あんどう・しゅんすけ）

一般社団法人日本アンガーマネジメント協会ファウンダー。新潟産業大学客員教授。1971年、群馬県生まれ。

2003年に渡米してアンガーマネジメントを学び、日本に導入し第一人者となる。

アメリカに本部を置くナショナルアンガーマネジメント協会では15名しか選ばれていない最高ランクのトレーニングプロフェッショナルに、アジア人ではただ一人選ばれている。企業、教育委員会、医療機関などで、協会としてこれまでにのべ100万人以上に対し数多くの講演、研修などをおこなっている。

おもな著書に『アンガーマネジメントで読み解く なぜ日本人は怒りやすくなったのか？』(秀和システム)、『アンガーマネジメント入門』(朝日新聞出版)、『あなたの怒りは武器になる』(河出書房)、『怒れる老人 あなたにもある老害因子』(産業編集センター)、『アンガーマネジメントを始めよう』(大和書房)などがある。著書はアメリカ、中国、台湾、韓国、タイ、ベトナムでも翻訳され累計80万部を超える。

12歳《さい》から始《はじ》める
イライラしない技術《ぎじゅつ》

発行日　2024年12月20日　第1版第1刷

著　者　安藤《あんどう》　俊介《しゅんすけ》

発行者　斉藤　和邦
発行所　株式会社　秀和システム
〒135-0016
東京都江東区東陽2-4-2　新宮ビル2F
Tel 03-6264-3105（販売）Fax 03-6264-3094
印刷所　三松堂印刷株式会社　Printed in Japan

ISBN978-4-7980-7333-0 C0037